KB231621

외날개 새는 어떻게 날아가나

■ 동양학 100권 발간 후원인(가나다 순)

후원회장 : 정우영

김기홍, 김재성, 김창완, 박남수, 박양숙, 박종거, 박종성, 백상태, 신성은,
오경록, 유재귀, 유태전, 유평수, 이석표, 이세열, 이용원, 임종문, 전병구,
정갑용, 정찬옥, 정철규, 정통규, 조일형, 최계림, 최영전, 최형주

편집고문 : 박양숙, 김관해
편집위원 : 김종원, 박문현, 송기섭, 이덕일, 이상진, 임헌영,
　　　　　　전일환, 조강환, 조혜자, 조응태, 황송문

21세기 여씨춘추

외날개 새는 어떻게 날아가나

초판1쇄인쇄　2000년 6월　5일
초판1쇄발행　2000년 6월　10일

지은이 : 임종문
펴낸이 : 이준영

회장 · 양태조
주간 · 김창완
편집 · 홍윤정 / 교정 · 강화진 / 영업 · 안성균 / 표지장정 · 이상준
조판 · 태광문화 / 인쇄 · 천광인쇄 / 제본 · 기성제책 / 유통 · 문화유통북스

펴낸곳 : 자유문고
서울 영등포구 당산동6가 121-73 영등빌딩 B동 401호
전화 · 2637 - 8988 · 676 - 9759 / FAX · 676 - 9759
등록 · 제2 - 93호(1979. 12. 31)

정가 9,000원
※잘못 만들어진 책은 구입하신 서점에서 바꿔드립니다.
ISBN 89 - 7030 - 302 - 2　04150
ISBN 89 - 7030 - 300 - 6　(세트)

21세기 여씨춘추

외날개 새는 어떻게 날아가나

임 종 문 지음

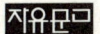
자유문고

21세기에 읽는
동양 사상 시리즈를 펴내며
● ● ● ● ●

일찍이 인류 문명의 발상지였던 중국을 중심으로 한 동양의 정신은 그 시발에
서부터 오늘에 이르기까지 '사람다운 사람이 사는 세상'을 추구해 왔었다.

사람이 사람을 사랑하고, 우주와 자연의 섭리에 순응하며, 사람이 지상의 주
인으로서 풀잎 하나, 개미 한 마리까지도 따뜻한 사랑으로 감싸안으며 사는 세
상이야말로 우리가 꿈꾸는 이상향일 것이다.

우리 동양인들은 서양의 현란한 문명에 잠시 넋을 놓았던 것을 반성하지 않을
수 없다.

지배의 원리로 세상을 보는 서양적 발상으로는 피비린내나는 싸움의 역사를
종식시킬 수 없으며, 평화와 자유의 세계를 이룩할 수 없다는 것을 우리는 너무
나도 절실하게 경험했다.

그런 경험을 바탕으로 해서, 우주 창조 이래 변함없는 빛으로 밤하늘을 아름
답게 수놓아 온 별과 같이, 인류 문명의 발상 이래 변하지 않는 진리로 전해 오
는 동양의 정신적 언어를 오늘의 젊은 세대들이 쉽게 읽을 수 읽도록 재정리함
으로써, 우리가 잠시 버렸던 진리의 언어를 되찾고자 하는 작업을 전개하려는 것
이다.

21세기에 읽는 동양 사상 편집 위원

머 리 말
● ● ● ● ●

역사의 나이는 자꾸 늘어 가건만, 역사가 주는 교훈을 배우려 하지 않는다. 그래서 과오는 반복되고, 역사는 창업과 패망의 동그라미만 계속해서 그리고 있다.

'여씨춘추'는 그것이 씌어지던 시대에 과거의 역사에서 교훈을 얻자는 뜻에서, 역사상의 예화를 중심으로, 그 일이 왜 성공했으며 왜 실패했는지를 평가하고 있는 책이다. 그랬는데 1천 5백여 년이 지난 오늘에도 그 평가는 그대로 진실이 되어 우리의 고개를 끄덕이게 하고 있다.

인간은 어쩌면 망각의 버릇이 있는 동물인지도 모르겠다. 개도 한 번 물린 적에게는 꼬리를 내리고 다시는 덤비지 않는다는데, 인간은 과거의 경험에서 얻은 교훈을 까맣게 잊고 또다시 똑같은 과오를 범하는 버릇이 있다.

'여씨춘추'가 보여 준 '근본적인 원인을 생각하라' '지도자는 참모의 말을 경청하라' '말 속에 들어 있는 진실을 간파하라' '무엇이 진실인지를 보라' 같은 평범한 진리를 우리는 오늘날에도

6

소홀히 해서 낭패를 보는 경우가 비일비재하다.

'여씨춘추'는 너무나도 방대해서 그것을 다 한 권의 책에 묶기는 불가능하다. 그래서 역사상의 이야기를 중심으로 해서 그것에서 인생의 교훈을 얻을 수 있는 '팔람' 부분만을 발췌하여 읽기 쉽도록 꾸며서 묶기로 했다.

우리는 이 책을 읽으면서 우선 이야기책을 읽는다는 기분으로 가볍게 읽어도 좋을 것이다. 그러나 그 이야기 하나하나가 다 무엇을 말하고자 하는 의도를 담고 있다는 점을 놓쳐서는 안 될 것이다. 하나의 이야기를 읽고 그 이야기가 말하는 교훈을 음미해 보는 것도 좋은 공부가 될 것이며, 잠깐 인생에 대해 사색하는 시간을 가질 수도 있을 것이다.

특히 이 책에서는 사회 생활에서 필요한 인간 관계, 다시 말해서 아랫사람의 도리와 윗사람의 도리, 지도자가 갖추어야 할 조직과 인력 관리에 관한 좋은 조언을 들을 수 있을 것이다.

새로운 세기를 사는 우리들이 두 세기 전의 이야기에서 삶의 지혜와 교훈을 얻을 수 있다는 것 또한 묘미가 아니겠는가.

2000년 4월 임종문

'여씨춘추'는 어떤 책인가

• • • • •

'여씨춘추'는 전국 시대 진(秦)나라의 승상 여불위가 문하의 학자들에게 의뢰하여 편찬한 책이다.

전국 시대 말기에 위(魏)나라에는 신릉군, 초(楚)나라에는 춘신군, 조(趙)나라에는 평원군, 제(齊)나라에는 맹상군이 있었는데, 세상에서는 그들 네 사람을 사군자(四君子)라고 불렀다. 그들은 천하의 유능한 인사들을 모아 각각 수백에서 수천 명에 이르는 빈객들을 거느리고 있었다.

진나라의 재상인 여불위는 사군자에게 미치지 못하는 것을 수치로 여겨 많은 돈을 들여 천하의 유능한 인사들을 모아들였는데, 나중에는 빈객의 수가 3천 명을 넘었다.

여불위의 식객들은 저마다 한 가지씩의 재능을 가지고 있었다. 그 중에서 학문과 재능이 뛰어난 자를 가려, 그들에게 각자가 듣고 보고 아는 사실들을 기록하게 했다. 이렇게 해서 모아진 자료를 편찬하여 책으로 만들고, 여기에 천지 만물 고금의 일 들이 다 갖추어져 있다면서 '여씨춘추'라고 책명을 붙였다.

8

이것이 '여씨춘추'가 씌어진 유래다.

'여씨춘추' 160편은 '십이기(十二紀)' '팔람(八覽)' '육론 (六論)'의 세 부분으로 구성되어 있다.

'여씨춘추'는 유가, 도가, 병가, 묵가 등 중국의 여러 사상을 뒤섞어 수렴한 책으로, 잡가 항목으로 분류되어 있는 백과 전서이다. 거기에는 무엇이든지 씌어 있고, 또 배워서 취할 것이 있다. 그래서 여불위는 "이 책은 천하의 만물과 고금의 일을 모두 갖추었다."고 자랑했다.

그러나 잡다한 것이 잡다한 그대로여서는 별다른 의의가 없다. 다양한 것을 무엇으로 꿰어 정리할 것인가 하는 일이 중요했다. 그래서 당시로서는 가장 새로운 사상인 시령(時令)을 편찬의 기준으로 도입했다. 시령을 통하여 다양한 자연계나 인간계를 통일지어 보고자 했던 것이다.

그 전까지 인간이 바르게 사는 방법으로 도에 따르라든지, 하늘의 뜻에 따르라든지 하는 말들을 했지만, 구체적으로 그것이 어떠한 행동인가는 확실하지 않았다. 시령은 이 점을 확실하게 밝힌 것이다.

한 해를 봄 여름 가을 겨울의 네 계절로 나누고, 그것을 다시 각 계절마다 셋으로 나누어 열 두 달로 분할해서, 그 달의 천문 기상

9

과 자연의 생태에서 인간의 일상 생활에 이르기까지 규정하고 거기에 따라 행동하라고 말했다. 바꾸어 말하면 천도(天道) 와 자연에 따르는 인간의 행동을 알기 쉽게 기술한 것이다.

'십이기' 는 이러한 시령이라고 하는 글을 각 달의 머리에 놓고, 그 달의 성격을 규정하고 나서, 거기에 맞추어 인사 교훈이라고 하는 네 편씩을 덧붙여 구체적인 지침을 주는 체제를 갖추고 있다.

'팔람' 은 세상 일의 모든 것을 두루 살펴본다는 뜻으로 중국의 역사적 사실에서 어떤 교훈을 얻을 것인가 하는 문제에 초점을 맞추고 있다. 특히 역사적 사실에서 성공한 지도자와 실패한 지도자의 사례를 통해 나라를 다스리는 사람들(왕이건 신하건) 이 어떻게 처신해야 하는가를 살피고 있다.

'여씨춘추' 에 일관하여 흐르는 사상은 지도자와 참모의 역할과 자질에 관한 것이다. 지도자란 당연히 군주를 말하고 참모란 당연히 신하를 말한다.

지도자의 자질에 관해서는 많은 역사적 사실을 예화로 들어 실패한 군주의 단점을 들추어 내서 교훈으로 삼고 있으며, 진정한 충신과 군주를 망치게 한 간신의 예화를 통해서 지도자가 참모를 가려 쓰는 데 대한 교훈을 밝히고 있다. 그러나 이러한 교훈들이 일반적인 가치 기준에 의해서 나열되어 있을 뿐 구체적으로 정리

10

해서 이론을 세우지는 않았는데, 이는 아마도 그런 이론을 모색하는 단계였기 때문일 것이다.

'여씨춘추'에는 자기 주장이 없다. 그 원인은 여기저기서 이야기를 끌어모아 쓴 편집물이기 때문일 것이다. 전설이나 설화 또는 학설을 망라하여 상식으로 정리한 책이므로, 독자적인 주장이나 자기 학설은 결여되어 있다고 하겠다. 그러나 내용은 지극히 넓고 다양하다. 넓고 다양한 것을 통해서 중국의 전통을 밝힌 책이라는 점이 이 책의 특징이라고 하겠다.

'여씨춘추'를 편찬한 여불위는 어떤 사람인가

여불위는 하남의 대상인이었다. 당시에는 상인들은 이곳 저곳을 옮겨다니며 살았다. 조나라의 도읍인 한단에서도 산 일이 있었는데, 그 때 한단에는 진(秦)나라의 왕자인 자초가 인질로 와 있었다.

자초는 뒷날 시황제의 아버지가 되는 장양왕이 되었지만, 그 때는 인질로 와 있는 초라한 존재였다. 그러나 여불위는 그의 인물됨을 알아보고, 경제적 지원을 아끼지 않았다.

11

여불위의 지원을 받은 자초는 조나라 사교계에서 이름을 날리게 되었다.

자초는 진나라의 많은 왕자 중의 한 사람으로 조나라에 인질로 가 있는 동안 진나라에서는 잊혀져 가는 존재였으나, 조나라 사교계에서 이름을 날리고 있다는 소문이 본국에 알려짐으로써 본국에서도 그를 주목하게 되었다. 이렇게 해서 얼마 후 본국으로 소환되었다.

여불위의 적극적인 도움을 받아 자초는 마침내 세자가 되어 왕위 계승권을 얻기에 이르른다.

소양왕이 죽고 효문왕이 즉위했으나 즉위한 지 3일 만에 급사하고, 자초가 왕위에 올라 장양왕이 되었다.

장양왕은 여불위의 공로를 높이 사 재상으로 특채했다. 장양왕은 왕위에 오른 지 3년 만에 죽었다. 장양왕의 열세 살 난 아들 징이 왕위를 계승하니 이가 곧 시황제이다.

여불위은 계속해서 재상으로 있으면서 어린 왕을 대신해서 정권을 장악했다. 여불위는 재상으로서 백관을 통솔하고, 10만 호의 봉읍을 차지했으니, 그는 당당한 봉건 제후나 다름없이 되었다. 이 때 여불위의 하인이 10만 명에 이르렀고, 식객이 3천 명에 이르렀다고 하니 그의 위세가 얼마나 컸는지 짐작할 만하다.

　　시황제가 즉위한 지 9년 만에 성년식을 옛 도읍인 옹에서 치르기 위해 도읍을 비웠다. 이 때 시황제의 모후와 불륜의 관계를 맺고 있던 노예란 사람이 난을 일으켰고, 여불위도 그 난에 연루되어 파직당하고 봉읍인 하남으로 떠났다가, 이듬해에 촉나라로의 유배가 결정되자 자살하고 말았다.

　　여불위는 불우했던 왕자 자초에게 투자하여 재상이 되었으니, 타고난 장사꾼으로 그의 인생 손익 계산서에는 참으로 엄청난 이익을 남겼다고 할 것이다.

　　세상에는 시황제가 여불위의 아들이라는 말도 떠돌았으나 확인할 수는 없는 이야기이다.

차 례
• • • • •

15

21

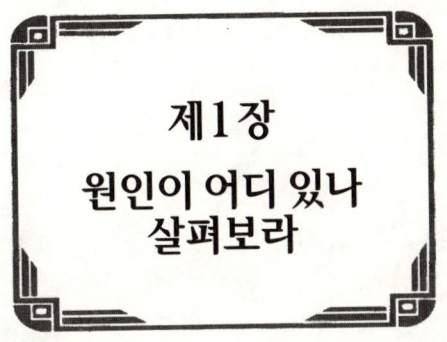

제1장
원인이 어디 있나 살펴보라

동쪽을 바라보는 자는 서쪽을 보지 못하고
남쪽을 바라보는 자는 북쪽을 보지 못한다

1
• • • • •
맨 처음에 무엇이 있었나

✵

변화란 무엇인가

처음에 하늘과 땅이 있었다. 하늘은 만물을 이루고, 땅은 꽉 차도록 만물의 서로 다른 모습을 만들어 냈다.

하늘과 땅이 화합하여 세상과 만물을 변화케 하는 것을 대도(大道)라고 한다. 추움과 더움, 해와 달, 낮과 밤으로써 대도를 알고, 세상과 만물의 모습이 모두 다르고 능력이 모두 다른 것으로써 대도를 설명할 수 있다.

서로 다른 물질들이 모여서 새로운 물질이 이루어지고, 하나를 이루었던 물질들이 헤어져 서로 다른 물질로 태어난다. 하나로 모여 화합하고, 다른 모습으로 이루어지고, 헤어져 나뉘고, 새로이 태어나는 것이 변화이니, 변화라 함은 곧 마음을 살피고 모습을 분별하는 것이다.

✲

땅의 크기와 모양

땅의 끝은 동서의 길이가 5억 9만 7천 리요, 남과 북의 길이 또한 5억 9만 7천 리다.

북두칠성은 하늘을 따라 돌고, 북극성은 그 추가 되어 붙박혀 움직이지 않는다.

동지에는 태양이 먼 길을 따라 땅 끝을 돈다.

하지에는 태양이 가까운 길을 따라 땅 끝을 돌아 위로 높아지는데, 추(樞) 밑에 이르러서는 낮과 밤이 없다.

바다 건너 땅 끝에 있는 나라 백민(白民 : 지금의 남북극 백야 지대)에서는 낮에도 그림자가 없고 소리를 질러도 메아리가 없다. 이 곳이 천지의 중심이다.

천지 만물은 사람의 몸과 비유될 수 있는데 이것을 가리켜 대동(大同)이라고 한다.

2
· · · · ·
원인에 따라 결과가 온다

❋

무엇으로 세상의 근본을 삼을 것인가

제왕(帝王) 될 사람이 태어나려고 하면 먼저 하늘이 상서로
운 징조를 백성들에게 나타내 보여 준다.

황제(黃帝) 때는 큰 지렁이와 땅강아지가 나타났다. 이것을 보
고 황제는 "흙 기운이 세어진다."고 했다. 흙 기운이 세어지는 까
닭에 노란색을 숭상하고 모든 것은 흙을 근본으로 삼았다.

우왕(禹王) 때는 가을과 겨울에도 초목이 시들지 않았다. 이것을
보고 우왕은 "나무 기운이 세어진다."고 했다. 나무 기운이 세어지
는 까닭에 푸른색을 숭상하고 모든 것은 나무를 근본으로 삼았다.

탕왕(湯王) 때는 날카로운 쇠가 물에서 생겨났다. 이것을 보고

30

탕왕은 "쇠의 기운이 세어진다."고 했다. 쇠의 기운이 세어지는 까닭에 흰색을 숭상하고 모든 것은 쇠를 근본으로 삼았다.

문왕(文王) 때는 붉은 까마귀가 돌에 새긴 글을 물고 주(周)나라의 궁궐로 날아들었다. 이것을 보고 문왕은 "불의 기운이 세어진다."고 했다. 불의 기운이 세어지는 까닭에 붉은색을 숭상하고 모든 것은 불을 근본으로 삼았다.

불을 대신할 것은 물이니, 하늘은 물의 기운을 보여 줄 것이다. 물의 기운이 세어지는 까닭에 검은색을 숭상하고 모든 것은 물을 근본으로 삼는다. 그런데 물의 기운이 이르는 곳이 어디인지는 아직 알 수가 없다.

그 다음에는 다시 흙의 기운으로 옮길 것이다. 하늘은 계절에 따라 만물을 변화시킬 뿐, 땅에서 농사짓는 백성들을 도와 주지는 않는다.

형체가 있으면 그림자가 있다

같은 종류끼리는 서로 어울리려 하고, 기운이 같으면 서로 합하려 하고, 소리가 비슷하면 서로 잘 어울린다. 그래서 평지에다 물을 부으면 물은 습한 곳으로 흐르고, 섶나무를 펴놓고 불을 지르면 불은 마른 데를 따라 타들어간다.

뭉게구름은 풀이 우거진 모습이고, 비늘구름은 물고기의 비늘 모습이고, 새털구름은 타오르는 연기의 모습이고, 물결구름은 파도의 모습을 닮았다. 모두 그것이 생겨난 모습을 사람에게 보여 준다. 그러므로 용이 있어야 비를 내리게 할 수 있고, 형체가 있어야 그림자가 있으며, 스승이 있는 곳에는 회초리가 있다.

길흉화복이 오는 곳을 사람들은 하늘의 뜻이라고 할 뿐, 그것이 오게 된 까닭을 알지 못하는구나.

�✳

어떻게 세상을 다스릴 것인가

요즘 세상에는 상서로운 징조를 알려 주는 네 가지 짐승(봉황, 기린, 용, 거북)이 왜 보이지 않을까.

새의 둥지를 뒤엎고 알을 깨뜨리면 봉황새가 오지 않고, 짐승의 배를 갈라 태를 먹으면 기린이 오지 않고, 못의 물을 퍼내 고기를 잡으면 거북과 용이 살지 않는다.

임금과 신하 사이에 뜻이 맞으면 신하는 임금을 섬기고, 뜻이 맞지 않으면 신하는 임금에게서 떠나간다. 그러므로 임금이 아무리 존귀하다고 하더라도 옳고 그른 것을 가릴 줄 몰라 흰 것을 검다고 한다면 신하는 따를 수 없다.

그래서 황제는 "하늘의 위엄 있는 덕은 너무나 크고 넓어서 그 끝을 헤아릴 수 없다. 그러므로 하늘의 뜻을 따르는 것은 어짊과 올바름을 따르는 것보다 낫고, 어짊과 올바름을 따르는 것은 힘을 따르는 것보다 낫고, 힘을 따르는 것은 악을 따르는 것보다 낫다." 라고 했다.

하늘의 뜻을 받들어 천하를 다스리는 천자(天子)는 하늘의 뜻에 기대고, 왕도로써 세상을 다스리는 왕자(王者)는 어짊과 올바름에 기대고, 위엄으로 나라를 다스리는 패자(覇者)는 힘에 기댄다.

요임금이 선을 베풀어 모든 사람이 선해지고, 걸왕이 거칠게 굴어 모든 사람이 잘못을 저질렀다.

하늘은 재앙을 내리기도 하고 상서로움을 베풀기도 하는데 원인에 따라 결과가 온다. 그러므로 화와 복은 사람이 그것을 불러들이는 것이다.

나라가 어지러워지면 반드시 외환을 불러들이게 된다. 내란 때문에 나라가 멸망하는 경우는 드물지만 외적을 불러들이면 나라가 위태로워진다.

33

왜 싸우는가

군대를 동원하는 까닭은 이로움을 얻고자 하는 데 있고, 악함을 쳐서 인의를 베풀고자 하는 데 있다.

어지러운 나라를 공격하면 공격받은 나라는 힘을 쓰지 못할 것이고, 어지러운 나라를 공격하면 공격하는 쪽이 유리하다. 어지러운 나라를 공격하려면 명분이 있어야 하고 명분을 세우려면 정의로워야 한다. 공격의 명분이 정의롭다면 공격하는 쪽의 힘은 더욱 강해진다.

공격을 받은 다음에 땅을 떼어 주고, 보배로운 물건을 바치고, 땅에 이마를 대고 굴복하는 것으로는 나라를 지킬 수 없다.

나라를 다스리는 능력이 있어야 감히 공격해 오지 못하게 할 수 있는 것이다.

나라가 잘 다스려지면 나라가 굳세어질 것이다. 그러면 이로움을 얻고자 하는 자의 공격을 막을 수 있다.

군대를 일으켜 남의 나라를 치는 것은 이로움을 얻거나 이름을 뽐내기 위해서인데, 이익을 얻을 수 없고 이름을 뽐낼 수도 없다면, 아무리 나라가 크고 강한 군대를 가지고 있다 하더라도 함부로 공격할 생각을 갖지 못할 것이다.

3
. . . . .
잘 보아야 바로 보인다

❋

도끼 도둑은 도끼 도둑으로 보이고

동쪽을 바라보는 자는 서쪽을 보지 못하고, 남쪽을 바라보는 자는 북쪽을 보지 못한다. 이것은 자신이 뜻을 두는 쪽이 있어 한쪽만 보기 때문이다.

도끼를 잃은 사람이 이웃집 아이가 도끼를 훔쳐 갔을 것이라고 의심했다. 그 아이의 걸음걸이를 보아도 그러하고, 말하는 것을 보아도 그러하고, 행동을 보아도 그러했다.

어느 날 산에서 도끼를 찾았다. 그 뒤에 이웃집 아이를 보니 도끼를 훔쳐 갔으리라고 의심할 만한 구석이 한 군데도 없었다.

이웃집 아이가 변한 것이 아니라 아이를 보는 그 사람의 눈이 변

35

했기 때문에 그렇게 보이는 것이다.

더 중요한 것을 보라

주나라에서는 갑옷을 비단으로 만들어 왔다. 공식기라는 사람이 왕에게 건의했다.

"갑옷은 실띠로 엮어 만드는 것이 튼튼하고 좋습니다. 갑옷은 단단해야 하는데, 단단하게 만들려면 천의 간격을 촘촘하게 해야 합니다. 우리 나라의 갑옷은 비단으로 만들기 때문에 아무리 간격을 촘촘하게 해도 견디는 힘이 약합니다. 실띠로 엮어 만들면 훨씬 단단한 갑옷을 만들 수 있습니다."

왕이 그 말을 옳게 여기고 "어떻게 하면 실띠를 많이 구할 수 있겠는가?" 하고 물었다.

공식기는 "나라에서 필요로 하면 당연히 백성들이 그것을 만들어 냅니다." 하고 대답했다.

왕은 갑옷 담당 관리에게 앞으로는 실띠로 갑옷을 만들라고 명했다.

공식기는 왕의 명령이 떨어지자 자기 집안 사람들에게 실띠를 많이 만들게 했다.

공식기가 실띠를 만들어 많은 수입을 얻게 되자, 시기하는 사람들이 "공식기가 자기 집에서 만드는 실띠를 많이 팔기 위해서 갑옷을 실띠로 만들자고 왕에게 말했다."고 헐뜯었다.

이 말을 들은 왕은 공식기가 자기 이익을 위해서 갑옷 만드는 재료를 바꾸자고 한 것이 아닌가 의심했다. 그래서 다시 영을 내려 갑옷 담당 관리에게 실띠로 갑옷을 만들지 못하게 했다.

실띠로 만든 갑옷의 품질과 성능이 좋다면, 공식기가 이익을 보는 것이 무슨 문제가 되겠는가. 누가 이익을 더 보고 덜 보고를 따질 것이 아니라, 무엇으로 만든 갑옷이 과연 좋은 갑옷인지를 먼저 따져 보아야 할 것이다.

못생긴 아들보다 못해 보이는 미남

노나라에 정말 못생긴 아들을 둔 사람이 있었다. 그가 어느 날 밖에 나갔다가 상돌이란 소년을 보고 돌아와 이웃 사람들에게

"상돌이란 놈, 참 못생겼더라. 우리 아들보다 훨씬 못생겼더라." 하고 말했다.

그러나 이웃 사람들은 그 말을 듣고 웃었다. 상돌이는 잘생겼다

고 소문난 소년이었기 때문이다.

그가 잘생긴 미남을 못생긴 추남인 자기 아들보다 더 못생겼다고 생각한 것은 자기 아들에 대한 사랑 때문에 보는 눈이 치우쳤기 때문이다.

그러므로 잘생긴 것 가운데서 못생긴 것을 가려 볼 줄 알고, 못생긴 것 가운데서 잘생긴 것을 가려 볼 줄 알아야 잘생기고 못생긴 것을 판단할 수 있는 것이다.

장자가 이렇게 말했다.

"기왓장 같은 보잘것 없는 것을 걸고 내기를 하면 잘 맞추고, 허리띠와 같은 값진 것을 걸고 내기를 하면 겁나서 잘 맞추지 못하고, 황금을 걸고 내기를 하면 벌벌 떨어서 맞출 엄두를 못 낸다. 맞추고 못 맞추는 것은 내기에 건 물품의 값과는 상관이 없다. 그런데도 값나가는 것일수록 잘못되면 어쩌나 하는 쪽으로 마음이 기울어진다."

4

잘 들어야 바로 들린다

귀가 얇은 사람

남의 말을 들을 때는 깊이 생각해 가면서 들어야 한다. 그렇게 하지 않으면 선한 것과 선하지 않은 것을 구별하지 못하게 되고, 선한 것과 선하지 않은 것을 구별하지 못하면 혼란스러워진다.

하(夏), 은(殷), 주(周) 삼대의 성왕들은 선한 것과 선하지 않은 것을 분별할 수 있었으므로 천하를 다스리는 임금이 된 것이다.

오늘날 세상은 어지러워졌고, 성왕이 나라를 다스리던 좋은 다스림은 끊기고 말았다. 이제 나라를 다스리는 왕들은 놀며 즐기는 데 정신이 없고, 종과 북을 크게 만들고 정자를 화려하게 짓고 동산을 사치스럽게 꾸미고자 백성의 재물을 빼앗고, 백성을 목숨이 위험한 일에 불러 쓰는 것을 아무렇지도 않게 생각하는 등, 탐욕을 채우는 데 도무지 주저함이 없다.

늙은이와 병약한 이는 추위에 떨고 배고픔에 허덕이며, 씩씩하고 아름답던 젊은이들은 여위어져 어깨를 웅크리고, 아무 이유 없이 이웃 나라를 공격하여 땅을 빼앗고, 전쟁을 일으켜 무고한 백성들을 죽이거나 포로가 되게 하는 등 포학무도한 일을 자행하면서도 사직(나라. 국가)이 위태롭지 않기를 바라고 있다.

어떤 사람이 "아무개네 집에는 재물이 많다. 그 집은 담장이 낮은데다가 집을 지키는 개도 없다. 오늘 밤 그 집 울타리를 뚫고 들어가면 이익이 있을 것이다."고 말해도, 그 말에 옳지 않다고 나무라는 사람이 없다.

어떤 사람이 "어느 나라는 백성이 굶주리고, 성곽이 허물어졌고, 성을 지키는 군대도 적다. 습격하여 그 나라를 빼앗자."고 말해도, 그 말에 옳지 않다고 가로막는 사람이 없다. 왜냐 하면 선한 것과 선하지 않은 것을 분별할 줄 모르기 때문이다.

'서경'의 주서(周書)에 이르기를 "가는 자를 따르지 말며, 오는 자를 기다리지 마라. 이 세상을 현명하게 하면 그것을 천자라 이른다."고 했다. 그러므로 오늘날의 세상에서 선한 것과 선하지 않은 것을 분별할 수 있는 사람이면 임금 되기가 어렵지 않다.

5
• • • • •
조심조심 처리하라

❋

모르면 물어라

하 나라의 우왕은 한 번 머리를 감는 동안에 세 차례나 머리
를 거머쥐고 일어나 손님을 맞았고, 한 번 식사를 하는 동
안에 세 차례나 젓가락을 놓고 자리에서 일어나 찾아오는 사람을
맞았다.

자신이 잘 모르는 것을 사람들에게 물어서, 자신의 부족한 점을
보충하여 일을 바르게 처리하고자 하는 마음에서 그렇게 했다.

자신의 부족한 점을 보충하면 다투는 일이 없어진다. 사리에 순
응하여 한 가지 한 가지 일을 처리해 가면 막히는 일이 없어진다.

나라를 잃은 왕들은 대개 이와 반대로 자기 혼자 잘났다고 여겨

41

남을 업신여겼다. 그러니 옳은 말로써 도와 주려던 사람도 자기 체면을 지키기 위해 입을 닫고 만다. 말을 듣는 사람이 많이 아는 것처럼 하면 얻을 것이 없다. 그러니 자기가 천하를 가지고 있다 한들 무슨 유익함을 얻을 수 있겠는가.

어두운 것을 밝다고 하고, 어지러운 것을 안정되어 있다고 하고, 무너진 것을 이루어졌다고 하고, 위험한 것을 안전하다고 한다.

정신이 헷갈려 갈팡질팡 헤매거나 앞뒤가 어그러지면 아무한테도 이길 수 없다. 그러므로 임금은 일을 처리할 때 자꾸 의심스러워하면서 많이 물으면 잘못함이 없어지고, 다 아는 것처럼 묻지 않고 자기 멋대로 처리하면 잘못함을 많이 저지르게 된다.

잘 알지 못하는 것에는 잘못함이 없어지고 잘 아는 것에는 잘못함이 따른다. 그러므로 이미 잘 알고 있다 하더라도 그 일이 법도에 맞는 일인지 법도로 살피고, 그 일을 헤아리는 데는 헤아리고 또 헤아려 양(量)으로 헤아리고, 그 일을 시험하는 데는 이런 방법 저런 방법 여러 가지 술수를 다 써서 시험해야 한다.

의심스러워하지 않는 것을 조심하고, 이미 안다고 생각하는 것을 잘 살펴서 잘못함을 없게 하면, 옳고 그른 것을 구별하지 못할 일이 없고, 잘못 행동하는 일이 없게 된다.

6

근본에 충실하라

나라의 뿌리는 백성에 있고

삼왕 시대(夏,殷,周)의 신하들은 그 이름이 영화롭지 않은 이가 없었는데 그것은 그들의 공적이 컸기 때문이다. '시경' 소아 대전편에 이런 시가 있다.

하늘에 뭉게구름 피어
비 촉촉히 내리네.
우리 공전(公田) 포근히 적셔주고
나의 밭에도 내려주오.

이 시를 보면 삼왕의 신하들은 공적인 일을 먼저 하고 나서 사적인 일을 처리했음을 알 수 있다.

요즘의 신하들이 명망과 작위를 바라는 것은 삼왕 시대의 신하들과 같아지고자 하는 것이다. 그러나 요즘 신하들은 이름이 욕되지 않은 이가 없고, 자리는 위태롭지 않은 이가 없다. 왜 그럴까? 요즘 신하들은 사심이 앞서서 공적인 덕망을 세우지 못하기 때문이다.

그들은 자기가 존귀해지기만을 바라고 왕이 존귀해지지 않는 것은 걱정하지 않는다. 자기네 집안이 부귀해지기만을 바라고 나라가 부강해지지 않는 것은 걱정하지 않는다. 그러니 영화롭기를 바라지만 결과는 욕되게 나타나고, 안녕하기를 바라지만 결과는 위태롭게 나타나는 것이다.

안녕해지느냐 위태로워지느냐, 영화로워지느냐 치욕적이 되느냐 하는 것은 왕이 어떻게 나라를 다스리냐 하는 데 뿌리가 있고, 왕의 뿌리는 나라에 있고, 나라의 뿌리는 백성에 있고, 백성이 잘 사느냐 못 사느냐 하는 뿌리는 관리에게 있다.

나라 일을 맡은 사람이 일을 바르지 않게 처리하고, 재물에는 탐욕스럽게 굴고, 왕 앞에서는 아첨하고, 군대를 지휘하는 데는 용기가 없으면서, 왕에게 많은 것을 바라기만 하니 어찌 나라가 어지러워지지 않겠는가.

7
•••••
큰 것을 따르라

�֎

우물에서는 큰 고기가 못 산다

옛날에 순임금은 성군이 되고자 했으나 뜻을 이루지 못하고 제왕(帝王)의 업적을 이루는 데 그쳤다.

우왕은 제왕의 업적을 이루고자 했으나 여러 나라의 미개한 풍속을 바로잡는 데 그쳤다.

탕왕은 우왕의 일을 이어받아 이루고자 했으나 변방 사람들을 복종시키는 데 그쳤다.

무왕은 탕왕의 일을 이어받아 이루고자 했으나 왕도(王道)를 세우는 데 그쳤다.

'하서(夏書)' 대우모편에 이르기를 "천자가 덕을 넓게 베풀면

45

신(神)과 문(文)과 무(武)가 함께할 것이다."라고 했다. 그러므로 힘써 큰 것을 구해야 한다.

땅이 크면 상상의 동물이 살고, 산이 크면 범 곰 원숭이가 살고, 물이 크면 용 악어 거북이 산다.

'상서(商書)' 함유일덕편에 이르기를 "7대나 된 사당에서는 괴상한 일이 일어나고 만민의 어른이 된 사람은 큰 꾀를 낸다."고 했다. 공중에는 연못이나 둑이 없고, 우물에는 큰 고기가 없고, 새로 조성한 숲에는 큰 나무가 없다. 일을 꾀하여 이루기 위해서는 반드시 넓고 크고 수가 많고 오래 된 것에 의지하는 것이다.

작은 것이 안전해야 큰 것도 안전하다

제비와 참새 같은 작은 새들이 한 지붕 밑에 살면서, 어미가 새끼에게 먹이를 먹이고 새끼는 받아 먹으면서, 서로 사랑하고 즐거움을 누리니 평화롭고 안락해 보인다.

그런데 어느 날 아궁이가 깨져서 굴뚝으로 불길이 솟아올라 서까래와 들보가 타들어 간다. 그래도 제비와 참새는 태연자약하다. 불꽃이 타올라 자기에게 미칠 재앙을 알지 못하기 때문이다.

나라를 섬기는 신하들 중에는 제비와 참새의 수준을 벗어난 사람이 드물다.

나라 일을 맡은 사람이 오로지 더 높은 자리와 부귀를 키우는
데 골몰해서 나라 일을 사사롭게 처리하고, 집안의 화평과 번영만
을 구하며, 나라가 위태로워지거나 말거나 아랑곳하지 않는다. 이
거야말로 제비나 참새의 수준과 무엇이 다르겠는가.

천하가 어지러워지면 나라가 편안할 수 없고, 나라가 어지러워
지면 집안이 편안할 수 없으며, 집안이 어지러워지면 몸이 편안할
수 없다.

그러므로 작은 것이 안정되려면 큰 것에 의지하고, 큰 것이 안
정되려면 작은 것에 의지해야 한다. 크고 작고, 귀하고 천한 것이
서로 돕고 의지해야만 모두 즐거움을 누릴 수 있게 된다. 천하고
작은 것을 안정시키는 것은 큰 것을 소중히 여기는 데 있다.

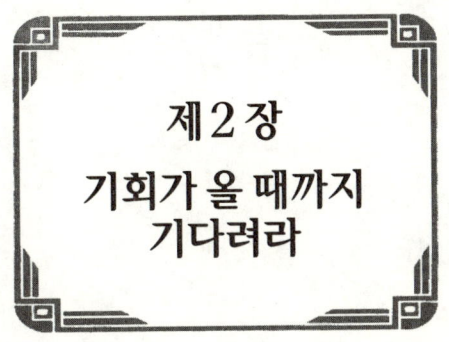

제 2 장
기회가 올 때까지
기다려라

하늘은 두 번의 기회를 주지 않고 찾아온
기회는 오래 머물러 주지 않는다

1
• • • • •
좋은 맛이란

❋
세상에서 가장 맛있는 것들

유　신의 딸이 뽕잎을 따다 뽕밭에 버려진 아기를 주워 왔다.
　　아기의 어미는 이수라는 강마을에서 살았는데, 해산이 가
까운 어느 날 밤 꿈에 신이 나타나 "돌절구에서 물이 나오면 동쪽
으로 가되 절대로 뒤를 돌아보지 말라."고 했다.

　날이 밝자 정말 돌절구에서 물이 나오는 것을 보고 동쪽으로 10
리를 달려갔다. 이제 꽤 멀리 왔겠거니 생각하고 뒤를 돌아보니
살던 동네는 물에 잠겨 흔적조차 없어졌고, 그녀는 그만 몸이 변
하여 뽕밭이 되었다.

　그래서 아기의 이름을 고향의 땅이름을 따서 이윤이라고 지었다.

50

이윤은 무럭무럭 잘 자랐는데 총명하고 재주가 남달랐다.

상나라의 탕왕이 이윤의 총명함을 소문으로 듣고, 사람을 유신에게 보내 이윤을 자기에게 달라고 했다. 유신은 이 청을 거절했지만 당사자인 이윤은 자기의 총명함을 알아 주는 탕왕에게 가고 싶어했다.

탕왕은 이윤을 자기에게 보내 주면 유신의 딸을 아내로 맞겠다고 제의했고, 유신은 기뻐 허락하고 딸을 탕왕에게 시집보내면서 이윤도 함께 보냈다.

탕왕이 이윤을 얻고 종묘에 고하는 제사를 지냈다. 이튿날 조회 때 이윤이 탕왕에게 말했다.

동물에는 세 가지가 있는데, 물에서 사는 것은 비린내가 나고, 육식을 하는 것은 누린내가 나고, 풀을 먹고 사는 것은 노린내가 납니다. 그 중에는 냄새가 고약한 것도 있으나 좋은 맛이 있으므로 모두 쓰임새가 있습니다.

맛의 근본은 물에 있습니다. 짜고 쓰고 시고 맵고 단 다섯 가지 맛을 물과 나무와 불로 아홉 번 끓여서 아홉 번 변하게 하는데, 때로는 약한 불로, 때로는 센 불로 냄새를 없애고, 맛의 변화를 조절합니다.

맛을 조절하여 고르게 하는 일은 다섯 가지 맛을 먼저 하거나 뒤에 하고, 많이 쓰거나 적게 써야 하는데 그 조화가 무궁무진합니다.

솥 안에서의 변화는 너무나도 미묘하고 섬세해서 말로써 설명할 수가 없습니다. 오래 되어도 못 쓰게 되지 않고, 익어도 문드러지지 않고, 달되 진하지 않고, 시되 지독하지 않고, 짜되 줄지 않고, 맵되 맹렬하지 않고, 담박하되 맛없지 않고, 살지되 기름이 끼지 않습니다.

고기 중에 좋은 고기는 성성이(원숭이과 동물)의 입술, 관관(새의 일종) 구이, 준연(새의 일종)의 꽁지, 술탕(짐승의 일종)의 발바닥, 모상(짐승의 일종)의 꼬리입니다. 돈황의 서쪽 사막 지방과 남만 지방에는 봉황새의 알이 있습니다.

물고기 중에 좋은 물고기는 동정호에서 사는 보어, 동해에서 사는 이어가 있습니다. 예수에는 주별이라는 물짐승이 사는데 발이 여섯이고 푸른 구슬 백 개가 달렸다고 합니다. 관수에는 요어라는 물고기가 사는데 모습은 잉어와 같지만 날개가 있어 밤이면 서해에서 날아와 동해에서 헤엄을 칩니다.

나물 중에 좋은 나물은 곤륜산에서 나는 부평초, 양화산에서 나는 향운, 운몽연못에서 나는 미나리, 구구연못에서 나는 순무, 침연연못에서 나는 토영이 있습니다.

중용국에 있는 붉은나무 검은나무의 잎은 먹으면 신선이 되고, 남극 언덕에 있는 푸른 구슬처럼 생긴 가수나물은 먹으면 신령스러워지고, 곤륜산 꼭대기에 있는 수목의 열매를 먹으면 죽지 않습니다.

양념 중에 좋은 양념은 양박에서 나는 생강, 초요산에서 나는 계피, 월락에서 나는 죽순, 전유에서 나는 젓갈, 대하연못에서 나는 소금, 재계산에서 나는 옥로가 있습니다.

곡식 중에 좋은 곡식은 현산에서 나는 쌀, 부주에서 나는 조, 양산에서 나는 메기장, 남해에서 나는 검은 기장이 있습니다.

물 중에 좋은 물은 삼위산의 노수, 곤륜산의 샘, 저강가 언덕의 요수, 왈산의 물, 고천산 봉우리의 용천이 있습니다.

과일 중에 좋은 과일은 기주 들에 있는 사당나무 열매, 청조산에서 나는 감로, 장강가에서 나는 귤, 운몽연못 부근에서 나는 유자, 한수 위에서 나는 석이가 있고, 상산 북쪽 투연못가에 있는 백과 열매는 제왕의 자리에 있던 이들 중 죽어 신이 된 이들이 먹는다고 합니다.

말 중에서 좋은 말은, 키가 일곱 자가 넘는 필(匹)이 있고, 빨리 달리는 승(乘)이 있는데, 천자가 아니면 가질 수가 없습니다.

상나라는 너무 적어서 이것들을 다 가질 수가 없습니다. 세상의 좋은 맛을 다 가지려면 천자가 되어야 하는데 천자는 억지로 되는 것이 아니고, 먼저 어질고 바른 도를 알아야 합니다. 도는 남에게 있는 것이 아니라 자기에게 있는 것입니다. 자기 스스로 인의의 도를 깨달아 이룸으로써 천자가 되는 것입니다.

2

때가 오기를 기다려라

7년 동안 복수의 날을 기다리다

초나라 평왕이 간신배의 말을 듣고, 오자서의 아버지와 형을 죽이고, 오자서마저 죽이려 하므로 오자서는 오나라로 달아났다.

오자서는 오왕을 만나 부국강병책을 논하고 싶었지만 오왕이 만나 주지 않았다.

오나라 공자인 광의 식객으로 있던 어떤 사람이 이 사실을 말하며 공자 광은 또 왜 오자서를 만나 주지 않는지 그 까닭을 물었다.

"오자서는 너무 못생겨서 싫은 얼굴이다. 그래서 만나고 싶은 생각이 없다."

이 말을 들은 사람이 오자서에게 공자 광이 한 말을 들려 주었다. 오자서는 이렇게 부탁했다.

"공자께서는 당상에 높이 앉아서 겹으로 휘장을 두르고 나를 만나 주시면 됩니다. 나는 공자의 옷소매나 보면서 이야기를 하겠습니다. 이렇게 하면 공자께서는 내 못난 얼굴을 보지 않고 나의 말을 들을 수 있을 것입니다."

이 말을 전해 들은 광은 그렇다면 좋다면서 오자서를 만나 줄 것을 허락했다.

이렇게 해서 오자서를 만나 이야기를 나누었는데, 오자서는 부국강병책과 초나라를 이기는 비책을 말했다. 이야기를 듣던 공자 광은 휘장을 걷어 치우고 당상에서 내려와 오자서의 손을 잡고 마주 앉아 이야기를 들었다. 오자서가 이야기를 마치니 광은 크게 기뻐했다.

오자서는 공자 광을 만나고 나서 시골에 파묻혀 농사를 지었다. 그렇게 7년 세월이 흐른 뒤, 공자 광이 오나라의 왕이 되었고, 오자서는 왕의 부름을 받았다.

오자서는 나라의 법을 정비하고, 어진 사람을 널리 구해 예로써 대우하고, 군대를 잘 훈련하여 강군을 만들었다. 그렇게 준비하기를 6년 뒤, 초나라와 큰 싸움이 붙었다.

오자서는 군대를 이끌고 아홉 번 싸워서 아홉 번 다 이기고, 패하여 달아나는 적을 천 리 밖까지 쫓아갔다. 오자서는 직접 활을 쏘아 초나라의 궁성을 공격했다. 초나라 소왕은 달아나고, 마침내 도성을 점령했다.

오자서는 아버지와 형을 죽인 초나라 평왕의 무덤을 파서 시신에게 회초리질을 3백 번이나 했다.

오자서가 7년 동안이나 농사를 지은 것은 아버지의 원수를 잊고 있었던 것이 아니라, 때를 기다리고 있었던 것이다.

�֎

때를 기다리고 때를 만난다

세 상 일에는 가까우면서 멀고, 멀면서 가까운 것이 있으니, 때 또한 그러하다.

은나라 탕왕이나 주나라 무왕이 현명했다고 하나, 하나라 걸왕이나 은나라 주왕의 포학무도한 시절을 만나지 않았다면 왕도를 이룰 수 없었을 것이고, 걸왕이나 주왕의 포학무도한 시절이 있었다 하더라도, 탕왕이나 무왕이 현명하지 않았다면 또한 왕도를 이룰 수 없었을 것이다.

성인이 시기를 만나는 것은 밝은 날 걸어가는 사람이 그림자와 서로 떨어질 수 없는 것과 같다. 그러므로 어진 선비가 때를 만나지 못하면 깊은 곳에 숨어 지내면서 때가 오기를 기다린다. 그러다가 때가 오면 백성이던 사람이 천자가 된 사람도 있고(요임금과 순임금), 천한 신분으로 왕의 측근이 된 사람도 있고(주나라 무왕 때의 태공망, 은나라 탕왕 때의 이윤), 평범한 필부로서 천자에게 보복을 가한 사람(진나라의 예양)도 있다.

물이 얼면 농부는 씨를 뿌리지 못한다. 농부가 농사를 지으려면 반드시 봄이 와서 언 땅이 풀리기를 기다려야 한다.

사람이 아무리 지혜롭다 하더라도 때를 만나지 못하면 공을 이루지 못한다.

일이 어렵고 쉬운 것은 일이 작고 큰 데 있는 것이 아니라 그 때를 아는 데 있다.

✳

기회는 머물러 주지 않는다

굶주린 말이 마굿간에 꽉 차 있으면서 소리 없이 조용한 것은 아직 꼴을 보지 못해서이고, 배고픈 개가 굴 속에 꽉 차 있으면서 소리 없이 조용한 것은 아직 뼈다귀를 보지 못해서이다.

굶주린 말이 꼴을 보고 굶주린 개가 뼈다귀를 보면 서로 다투어 먹으려 덤빌 것이므로 그 어지러움을 막을 수 없을 것이다.

어지러운 세상에서 백성들이 조용한 것은 아직 어진 이를 만나지 못해서이다. 일단 어진 이를 만나면 모두 그에게 몰려가는 민심을 막을 수 없게 된다.

백성들이 몰려가는 것은 어진 이의 얼굴을 보러 가는 것이 아니라, 어진 이가 백성들의 마음을 기쁘게 해 주기 때문이다.

하늘은 두 번의 기회를 주지 않고, 찾아온 기회는 오래 머물러 있지 않는다. 모든 일은 좋은 때를 만나야 이룰 수 있는 것이다.

3

상과 벌로 세상을 바꾼다

그렇게 되게 하는 힘

봄이 오면 초목이 자라고 가을이 오면 초목이 시든다. 자라고 시드는 것은 자라고 시들게 하는 힘이 있어서 그렇게 되는 것이지, 초목이 제 뜻으로 자라고 제 뜻으로 시드는 것은 아니다.

만물은 그렇게 되게 하는 힘에 따라서 그렇게 되지 않는 것이 없고, 그렇게 되게 하는 힘이 없으면 그렇게 되지 못한다.

옛날 사람들은 그렇게 되게 하는 힘이 어디에 있는지를 살폈었다.

상 주고 벌 주는 것은 임금이 그렇게 되게 하는 힘을 행사하는 방법이다. 그 힘을 옳게 쓰면 나라를 사랑하는 충성과 믿음, 백성들이 서로 사랑하는 풍속이 일어나고, 그런 풍속이 오래 지속되면 살기가 더욱 좋아져서 사회가 안정되는데, 이런 상태를 교화가 이루어졌다고 말한다.

교화가 이루어지면 사람들이 충성하고 믿고 사랑하는 버릇이 천성처럼 굳어지므로 어떤 상이나 벌로써도 그것을 막을 수 없게 된다. 상이나 벌로써 백성의 불충과 불신을 막을 수 없는 것 또한 그러하다.

거짓의 탈을 쓴 간사스러움이 횡행하고, 도적 떼가 나타나서 질서가 어지러워지고, 탐욕에 눈이 어두워 바른 가치관이 허물어지는, 이러한 상태가 오래 지속되면 백성들은 그런 삶이 습성이 되어 천성처럼 굳어지고 만다. 그렇기 때문에 미개한 변방의 백성들을 후한 상과 무거운 벌로써도 순화시키지 못하는 것이다.

상을 주고 벌을 줄 때는 깊이 생각하고 조심하지 않으면 안 된다.

상벌을 올바르게 행사해야 백성을 바르게 교화할 수 있고, 상벌을 올바르게 행사하지 못하면 백성을 사특하게 만들고 만다.

�֎

상을 주는 기준

진(晉) 나라 문공이 초나라와의 싸움을 앞두고 구범을 불러서 물었다.

"초나라의 군대는 많고 우리는 적다. 어찌하면 좋겠는가?"

"신이 들으니, 예(禮)를 좋아하는 왕은 문(文)을 싫어하지 않고, 전쟁을 좋아하는 왕은 속이는 술수를 싫어하지 않는다고 합니다. 전하께서는 기습의 술책을 쓰십시오."

문공은 옹계를 불러 구범의 말을 전하며 의견을 물었다. 옹계는 이렇게 대답했다.

"연못의 물을 다 퍼내고 고기를 잡는다면 어찌 고기를 잡지 못하겠습니까만, 이듬해에는 그 연못에 고기가 없을 것입니다. 산의 숲을 다 태우고 나서 사냥을 한다면 어찌 짐승을 잡지 못하겠습니까만, 이듬해에는 그 숲에 짐승이 없을 것입니다. 남을 속이는 술책으로는 일시적인 승리를 거둘 수는 있겠지만 완전한 승리를 거둘 수 없을 것입니다. 그러므로 기습은 좋은 방법이 아닙니다."

그러나 문공은 구범의 기습책을 받아들여 초나라 군대를 격파했다. 싸움에 이기고 돌아와 상을 주는데, 기습책의 불가론을 주장한 옹계를 일등 공신으로 했다.

신하들이 "이번 싸움은 구범의 계책에 따라 이겼으므로 구범의 공이 으뜸입니다. 구범의 공을 옹계의 공보다 낮게 평가한 것은 혹 잘못 생각한 것은 아닌지요." 하고 재고해 줄 것을 건의했다.

문공이 신하들에게 이번의 포상 기준에 대해 이렇게 말했다.

"옹계는 장기적인 이로움을 건의했고 구범은 단기적인 이로움을 건의했다. 어찌 단기적인 이로움을 장기적인 이로움보다 앞세

61

올 수 있겠는가."

공자가 이 이야기를 듣고 "어려움을 당하여 속임수를 쓰면 그
것으로써 적을 물리칠 수 있다. 상을 주면서 어진 이를 높이면 그
것으로써 덕을 높일 수 있다. 문공의 처사에 앞뒤가 맞지 않는 점
이 있긴 하지만, 그의 논공행상하는 방법을 보건데 그는 능히 제
후들의 패자(覇者)가 될 수 있겠다." 하고 평했다.

상이 올바르게 주어지면 백성들의 마음이 선한 방향으로 돌아
오고, 백성들의 마음이 선한 방향으로 돌아오면 교화가 이루어진
다. 속임수로 이루어진 것은 반드시 허물어지고 만다.

싸움에서 이긴 자는 많다. 그러나 패자(覇者)라고 일컬어지는
사람은 제나라 환공, 진(秦)나라 목공, 송나라 양공, 초나라 장왕,
그리고 진(晉)나라 문공 등 다섯 사람뿐이다.

문공이 패자가 된 것은 승리를 성공으로 이끄는 도리를 알고 있
었기 때문이다. 승리를 거두었더라도 그 승리를 성공으로 이끄는
도리를 알지 못한다면 최후의 승리를 얻지 못한다.

누가 일등 공신인가

조양자와 지백은 진(晋)나라의 힘센 영주들이었다. 지백과 조양자 사이에 영지 관할 문제로 다툼이 일어났다. 지백이 다른 영주들인 위환자, 한강자와 힘을 합해 조양자를 진양성에 가두었다.

3개월째 갇혀 있던 조양자는 장맹담을 위환자와 한강자에게 보내 지백을 배반하도록 설득했다. 위환자와 한강자의 도움을 받아 조양자는 지백의 군대를 쳐부수고, 지백을 붙잡아 죽여 머리를 잘라 그 머리로 술잔을 만들었다.

조양자가 공을 세운 신하들에게 상을 주었는데, 이번 일에 별로 공을 세운 것이 없는 고사를 일등 공신으로 삼았다. 목숨을 걸고 적의 포위망을 뚫고 가 위환자와 한강자를 만나 그들이 지백을 배신하고 조양자 편에 서도록 설득한 장맹담이 당연히 일등 공신일 것으로 알고들 있었다.

조양자가 이번의 포상에 대해 이렇게 말했다.

"우리가 지백을 치는 데 고사는 큰 공로가 없다. 그러나 우리가 진양성에 갇혀 있어 나라와 사직이 위태롭고, 나의 목숨이 위태로웠을 때, 나에게 신하의 도리를 다하고 예를 잃지 않은 사람은 오직 고사 한 사람뿐이었다. 나는 그래서 고사를 일등 공신으로 삼왔다."

공자가 이 이야기를 듣고 "조양자는 포상을 옳게 했다. 고사 한
사람에게 상을 줌으로써 신하 된 모든 사람들이 임금을 섬김에 예
를 잃지 않게 하는 교훈을 주었다."고 평했다.

지백을 치고 진나라의 정권을 장악한 조양자와 위환자와 한강
자는 진나라를 셋으로 나누어 가졌다. 이 때부터 중국의 전국 시
대가 시작되었다.

중국 역사에서는 조(趙), 위(魏), 한(韓) 삼국 분립 이전을 춘
추 시대라고 하고 이후를 전국 시대라고 한다.

4

수단과 방법을 가리지 말고 이겨라

식량 얻어 힘 기르고는 나라까지 빼앗다

월나라에 큰 흉년이 들어 백성들이 굶주렸다. 월왕 구천이 범려를 불러 대책을 의논했다.

"전하께서는 무엇을 근심하십니까. 지금의 기근은 월나라에는 행운이요, 오나라에는 재앙입니다. 오왕 부차는 아직 어린데다 지혜는 적고 재주는 가볍습니다. 전하께서 예물을 많이 보내면서 원조해 달라고 간청하면 식량을 얻을 수 있을 것입니다. 오나라 땅에서 난 식량을 월나라가 갖는 것은 오나라 땅이 월나라 땅인 것이나 마찬가지 아니겠습니까. 이치가 그러한데 무엇을 걱정하십니까."

월왕이 범려의 말을 듣고 오나라에 사신을 보내 식량 원조를 간청했다.

오왕이 월나라의 간청을 받아들여 식량을 보내려고 했다. 이 사실을 안 오자서가 반대하고 나섰다.

"식량을 월나라에 주어서는 안 됩니다. 오나라와 월나라는 국경을 나누고 있는 이웃이면서 대대로 원수지간으로 싸우고 있는 적대국입니다. 오나라가 월나라를 멸망시키지 않으면 반드시 월나라가 오나라를 멸망시킬 것입니다. 월나라에 곡식을 보내 그들을 먹여 살린다면 그것은 곧 우리의 원수를 자라게 하고 원수를 기르는 꼴이 됩니다. 재물은 재물대로 축내고 백성들을 두려움에 떨게 만드는 일이니, 나중에 후회한들 무슨 소용이 있겠습니까. 그러니 곡식을 주지 말고, 그들이 어려움에 처해 있는 지금 오히려 그들을 쳐서 후환을 없애는 것이 좋겠습니다."

이 말을 듣고 부차는 이렇게 말했다.

"나는 '의로운 군대는 굴복한 나라를 공격하지 않고, 어진 사람은 굶주린 사람을 구제한다.' 라고 배웠다. 월나라는 이미 굴복한 것이나 다름없는데 그들을 친다는 것은 의로운 군대가 할 일이 아니다. 월나라 백성이 굶주린다는데 그들을 구제하지 않는 것은 어진 왕이 할 일이 아니다. 의롭지 않고 어질지 않은 방법으로써 열 개의 월나라를 얻을 수 있다 해도 나는 그렇게 하지 않겠다."

이렇게 말한 부차는 오자서를 죽여 부대에 넣어 강물에 던지고,

66

월나라에 식량을 보냈다.

3년 후, 이번에는 오나라에 큰 흉년이 들어 백성들이 기근에 시달렸다.

오나라의 부차는 월나라에 사신을 보내 식량 원조를 부탁했다. 월왕 구천은 식량은 보내지 않고 군대를 보내 오나라를 치고 부차를 사로잡아 갔다.

누이 주어 안심시키고 나라를 빼앗다

진(晋)나라의 조간자가 병이 들어 아들 조양자에게 "내가 죽거든 장례를 치를 때 상복은 1년 만 입어라. 3년씩이나 상복을 입고 있으면 나라를 제대로 다스릴 수 없다. 그리고 상복을 벗기 전에 하옥산에 올라가 대(代)나라를 바라보아라." 이렇게 유언하고 세상을 떴다.

장례를 마친 조양자는 상복을 입고 신하들을 불러 하옥산에 올라가 보자고 했다.

신하들이 "상복을 입고 하옥산에 올라가 노는 것은 옳지 않습니다." 하고 반대했다.

조양자가 "부왕께서 내게 그렇게 유언하셨다. 나는 부왕의 유언을 어길 수 없다."고 말하니 신하들도 더 반대할 수가 없었다.

조양자가 신하들과 함께 하옥산에 올라가 대나라 땅을 바라보니 참으로 아름다웠다.

'부왕께서 나에게 하옥산에 올라가 보라고 유언하신 깊은 뜻이 있을 것이다.' 생각한 조양자는 대나라를 빼앗을 계획을 세우고, 우선 대나라와 친선 관계를 맺어 그들을 안심시키기로 했다.

대나라 왕이 여색을 좋아한다는 것을 알고 조양자는 누이를 대나라 왕에게 바쳤다. 이에 대나라는 좋은 말을 보답으로 보냈다. 대나라는 명마의 생산지로 유명한 땅이다.

조양자는 대나라 왕을 초청해 성대한 연회를 열었다. 취흥을 돋우기 위해 수백 명의 군사에게 춤을 추게 했는데, 춤출 때 쓰는 깃털 속에 무기를 감추고, 금으로 만든 커다란 술잔을 준비했다.

대나라 왕이 술에 취해 거나해졌을 때 조양자가 술을 권하는 척하고 금으로 만든 커다란 술잔으로 대나라 왕을 내려치니 단번에 머리가 깨지고 뇌수가 쏟아져 흙범벅이 되었다. 춤꾼들이 일제히 무기를 꺼내들고 대나라 왕의 호위병을 모조리 붙잡아 죽였다.

조양자는 태연히 대나라 왕이 타고 왔던 수레를 타고 왕비를 맞으러 갔다. 그러나 참변의 소식을 들은 왕비는 비녀를 뽑아 목을 찔러 자살했다.

✖

앞에서는 친한 척하고 뒤통수를 치다

초 나라의 문왕은 채나라 왕과 친선 관계를 맺고, 식나라를 쳐 빼앗을 궁리를 했다.

문왕이 채나라의 왕인 애후에게 "식나라를 빼앗고자 하는데 어찌하면 좋겠습니까?" 하고 모의하니, 애후가 "식나라의 왕비가 내 처제입니다. 내가 식나라 왕과 왕비를 연회에 초대할 것이니 그 때를 이용하여 우리가 손잡고 식나라를 치면 좋을 것입니다." 하고 묘책을 꺼냈다.

초나라 문왕은 채나라 애후와 함께 연회에 참석하는 체하고 식나라를 쳐서 빼앗고, 돌아오는 길에 채나라에 머무르면서 마침내 채나라까지 빼앗았다.

월왕 구천과 진나라 조양자와 초나라 문왕은 다 목적을 이루기 위한 방법으로 떳떳한 도리를 따르지 않았으나 후세의 사람들이 그들의 이야기를 입에 담는 것은, 그들이 도모하는 일에 성공을 거두었기 때문이다. 세상 일이란 공이 있으면 허물은 덮어지고 영광만 드러난다.

5
•••••
하늘의 뜻을 사람이 이룬다

✖

하늘의 뜻과 사람의 일

훌륭한 업적을 남기고 이름을 드날리는 데는 하늘의 뜻이 있
어야 한다. 비록 하늘의 뜻이 있다 해도 사람이 할 수 있
는 일, 즉 어질고 옳고 선한 도리를 닦는 데 최선을 다하지 않으면
하늘의 뜻을 이룰 수 없다.

순임금이 요임금을 만난 것은 하늘의 뜻이다. 그러나 순임금이
산을 일구어 밭을 갈고, 강가에서 갈대 꺾어 바구니를 만들고, 호
수에서 낚시질해 고기를 잡으니, 세상의 백성들이 기뻐하고 어진
사람들이 모두 순임금을 따른 것은 사람이 한 일이다.

우왕이 순임금을 만난 것은 하늘의 뜻이다. 그러나 우왕이 세상

70

을 돌아다니면서 어진 사람을 구하고, 백성에게 이로움이 가도록 늪에 물길을 뚫어, 막힌 것을 통하게 한 것은 사람이 한 일이다.

순이 임금이 되기 전, 밭 갈고 고기 잡을 때의 현명하고 어리석음은 임금이 된 뒤와 다를 것이 없다.

아직 때를 만나기 전에는 사람들과 함께 땅에서 곡식을 거두었고, 물에서 고기를 잡았으며, 갈대 엮어 바구니를 만들고 그물을 뜨는 등의 일을 많이 해 손발에 박힌 못이 없어질 날이 없었는데, 그렇게 해야만 굶주림과 헐벗음을 면할 수 있었다.

그러다가 때를 만나 임금의 자리에 올랐고, 어진 사람들이 찾아와 그를 도왔고, 만백성이 그를 따랐다.

이에 순임금이 시를 지어 읊었다.

넓고 넓은 천하에 임금 땅 아닌 데가 없고
땅 끝 바다까지 임금 백성 아닌 이가 없네.

이 시는 모든 것을 다 가졌다는 뜻이다. 모든 것을 다 가졌다고 했지만 자기가 현명해서 얻었다는 뜻이 아닌 것처럼, 모든 것이 없다는 것은 자기가 어리석어 잃었다는 뜻이 아니라, 때가 그렇게 되도록 한 것이다.

71

남의 집 종이 되어 때를 기다리다

진(晋)나라가 괵나라를 치기 위해 우나라에게 길을 빌려 달라고 했다.

우왕이 길을 빌려 주려고 하자, 백리해가 "진나라의 속셈은 우나라를 치려는 데 있으므로 길을 빌려 주면 안 됩니다." 하고 간했으나 우왕은 듣지 않고 길을 빌려 주었다.

진나라는 괵나라를 치고 돌아오는 길에 우나라까지 기습해 굴복시켰다. 백리해는 겨우 목숨을 건져 진(秦)나라로 도망쳤다.

진나라로 숨어든 백리해는 남의 집 종이 되어 소 먹이는 궂은일을 하면서 때를 기다리고 있었다. 공손지가 백리해의 인물됨을 알아보고, 양가죽 다섯 장으로 몸값을 치러 자유인이 되게 해 주었다.

공손지는 백리해를 목공에게 천거하면서 사흘 동안만 대부의 일을 맡겨 보라고 권했다.

"양가죽 다섯 장으로 몸값을 치른 종 출신에게 느닷없이 대부의 직책을 맡긴다면 세상의 웃음거리가 되지 않겠는가?"

"왕이 어진 사람을 알아보고 그의 능력을 믿고 나라의 중요한 일을 맡기는 것은 왕의 영명함이요, 어진 사람이 높은 자리를 사양하고 아랫자리를 원하는 것은 신하된 자의 충성입니다. 이렇게 하면 왕은 밝은 왕이 되고, 신하는 충성스런 신하가 됩니다. 백리해가 어진 사람이어서 백성들이 그를 신뢰하여 마음으로 따르고, 적들이 그를 두려워하게 된다면, 누가 웃을 겨를이 있겠습니까."

공손지의 말을 옳게 여긴 목공이 백리해를 발탁했는데, 백리해가 세운 계획은 맞아떨어지지 않은 것이 없었고, 백리해가 하는 일은 이루어지지 않은 것이 없었다.

이렇게 백리해가 일을 잘한 것은 그의 능력이 갑자기 늘어나서 그리 된 것이 아니다. 백리해가 아무리 능력 있는 어진 사람이라 하더라도 목공을 만나지 못했다면 훌륭한 업적을 남기지 못했을 것이다.

요즘 세상에도 백리해 같은 인물이 어디엔가 숨어 있을 것이다. 그러므로 나라를 다스리는 사람이라면 어질고 능력 있는 사람을 널리 각 방면에서 찾지 않으면 안 된다.

※

그게 무슨 당치 않은 말인가

공자가 진(陳)나라와 채나라 사이를 오가며 곤궁하게 지낼 때, 이레 동안이나 밥을 먹지 못할 만큼 형편이 좋지 않았다. 명아주로 국을 끓여 겨우 허기를 달랬다.

공자의 제자 가운데 재여는 지쳐 쓰러져 있었고, 안회는 밖에서

73

나물을 캐고 있었고, 공자는 방에서 거문고를 타면서 노래를 부르고 있었다.

자로와 자공이 이런 형편을 탄식하며 말했다.

"우리 선생님께서는 노나라에서는 추방을 당했고, 위(衛)나라에서는 해하려는 자가 있어 숨어 살았으며, 송나라에서는 큰 나무 밑에 있다가 해하려는 자가 나무를 베어 넘어뜨리는 바람에 치여 죽을 뻔한 일을 당했고, 이제는 진나라와 채나라에서 곤궁하게 지내신다. 선생님을 죽이려 하는 자를 벌할 수 없고, 선생님을 욕보이려 하는 자를 막을 수 없다. 그런데도 선생님께서는 거문고를 타면서 노래를 부르고, 북을 두드리면서 춤을 추신다. 선생님은 부끄러워할 줄도 모르신단 말인가."

이 말을 들은 안회가 공자에게 그대로 전했다. 공자는 그 말을 듣고는 낯빛을 바꾸어 거문고를 밀어 놓고 말했다.

"자로와 자공이 참으로 소인이구나. 그들을 불러라."

공자 앞에 불려 온 자공이 먼저 말했다.

"선생님, 이레씩이나 밥을 못 먹고 있는 지금의 우리 처지를 가리켜 곤궁하다고 말할 수 있지 않겠습니까?"

"그게 무슨 당치 않은 말인가."

공자가 제자들을 둘러보며 말했다.

"사람답게 사는 도리를 깨달으면 달(達)이라 하고, 사람답게 사는 도리를 깨닫지 못하면 궁(窮)이라고 한다. 지금 내가 사람답게

사는 도리를 지키다가 어지러운 세상을 만나 이렇게 되었다. 어찌
이것을 곤궁하다 말할 수 있겠느냐. 나는 사람답게 사는 도리에
부끄러운 일을 한 적이 없고, 어지러운 세상을 만났지만 덕을 잃
지 않았다. 큰 추위가 닥쳐와서 눈이 내린 뒤에야 우리는 소나무
의 청청함을 안다. 월나라 왕 구천은 흉년이 들어 곤궁했을 때 패
업의 큰 꿈을 이루었다. 지금 내가 진나라와 채나라 사이에서 양
식이 떨어진 것은 도리어 행운일는지도 모른다."

　공자는 말을 마치고 비파를 당겨 타고, 자로는 방패춤을 추었다.

　자공이 "나는 하늘이 얼마나 높은지를 알지 못하고 땅이 얼마
나 깊은지를 알지 못한다." 고 말했다.

　옛날에 사람 사는 도리를 깨달은 사람은 곤궁해도 즐거워했고
통달해도 즐거워했다.

　사람 사는 도리를 깨달아 즐거워함은 곤궁함에 있거나 통달함
에 있지 않다. 사람 사는 도리를 깨달은 사람에게는 곤궁함과 통
달함이 다 하나이다. 더위와 추위가 자연 속에서 하나의 고리를
이루며 차례를 지어 순환하는 것처럼.

6
좋은 만남이 세상을 바꾼다

외날개 새와 외눈박이 물고기

비익조라는 새가 있다. 날개가 하나만 있어서 암수가 짝을 지어야 날 수 있다. 짝을 만나지 못하면 나무 위에 앉아 죽을 수밖에 없다.

비목어라는 물고기가 있다. 눈이 하나만 있어서 암수가 짝을 지어야 헤엄쳐 다닐 수 있다. 짝을 만나지 못하면 물 속에 가라앉아 죽을 수밖에 없다.

�֍

자리를 감당하지 못하면 재앙이 온다

공자가 여러 나라를 두루 돌아다니면서 80여 명의 제후를 만났고, 공자를 따르는 사람들이 3천 명에 이르렀고, 그 가운데 세상의 이치와 사람 사는 도리를 깨달은 제자가 70명이나 되었다.

제후들은 그 70명 가운데 한 사람이라도 얻으면 나라 일을 의논하는 스승으로 삼았다.

그런데도 스승인 공자는 노나라에서 겨우 미관말직 한 자리를 얻는 데 그쳤다. 제후들이 서로 다투는 어지러운 시절이었고, 천하를 다스릴 만한 인물이 없었기 때문이다.

어지러운 세상에서는 어리석은 자들이 높은 자리를 차지해 떵떵거리고 사는 경우가 많다. 그러나 어리석은 자들은 자리를 감당하지 못한다. 자리를 감당하지 못하면 부귀는 재앙으로 바뀐다. 잘살면 잘살수록 재앙 또한 커지게 마련이다. 그 재앙은 자기 한 사람에게만 미치는 것이 아니다.

현명한 사람은 자신의 능력을 헤아린 뒤에 자리를 맡고, 자리를 맡은 뒤에는 능력을 헤아려 일을 한다.

꼭 예쁜 여자와 결혼하는 것은 아니다

예쁜 여자를 좋아하지 않는 남자는 없다. 그러나 꼭 예쁜 여자와 결혼하는 것은 아니다. 모모는 황제(黃帝)의 네 번째 아내인데 못생겼으면서도 총애를 받았다.

황제는 "그대의 높은 부덕과 바른 행실을 잊지 않는다. 그대 비록 미인은 아니나 내 어찌 그대를 서운케 하리." 하고 사랑했다.

달고 부드러운 음식을 좋아하지 않는 사람은 없다. 그러나 달고 부드러운 음식만을 먹게 되는 것은 아니다. 그래서 문왕은 창포김치를 좋아했다.

공자는 문왕이 창포김치를 좋아했다는 말을 듣고 자기도 창포김치를 먹었는데, 먹기 시작한 지 3년이 지나서야 겨우 얼굴을 찡그리지 않고 먹을 수 있었다.

만나지 말아야 할 사람을 만나면

진(陳)나라에 돈흡수미라는 이상한 이름을 가진 참으로 못생긴 사람이 있었다.

광대뼈가 툭 튀어나오고, 얼굴색은 검붉고, 눈알이 툭 튀어나온 데다 코는 주먹만하고, 긴 팔은 구부러져 있었다.

진나라 왕이 그를 중용하여 밖으로는 나라 일을 맡기고 안으로는 신변 경호까지 맡겼다.

초나라에서 제후들이 모임을 가졌는데, 진나라 왕은 마침 병이 들어 참석할 수 없어서 돈흡수미를 보내 사정을 설명하게 했다.

초나라 왕은 돈흡수미라는 이름이 괴이해서 그를 만나 보았다. 생김새 또한 이름만큼이나 괴이하고 추악했고, 그의 말투 또한 얼굴만큼이나 막되먹어, 한 나라의 사신으로서 갖추어야 할 자격을 갖춘 점이 없었다.

초나라 왕은 화가 났다.

"진나라 왕은 저런 형편없는 사람을 사신으로 보내 우리 제후들을 모욕했다. 그가 우리를 모욕했으니 진나라를 치지 않을 수 없다."

초나라가 군사를 일으킨 지 석 달 만에 진나라는 멸망했다.

돈흡수미의 얼굴은 남을 놀라게 하고, 돈흡수미의 말투는 나라를 망하게 했다. 그럼에도 불구하고 왕을 보좌하는 데는 그를 따를 사람이 없었고, 나라가 멸망하는 지경에 이르렀음에도 불구하고 왕과 돈흡수미의 끈끈한 관계는 변함이 없었다.

만나지 말아야 할 사람을 만나면 멀지 않아 모든 것이 망가지고, 만나야 할 사람을 만나지 못하면 나라가 어지러워진다.

백성들이 괴로움을 당하고 고통스러워하는 것은 만나야 할 사람을 만나지 못했기 때문이다.

사람을 쓰는 기준은 먼저 덕을 보고, 그 다음에는 능력을 보고, 그 다음에는 일의 성과를 본다. 이 세 가지 기준을 보지 않고 사람을 쓰면 나라는 혼란스러워지고 만다.

7
오해는 엉뚱한 결과를 가져온다

충성을 바치다 화를 당한 사람들

포학한 걸왕의 신하 용봉은 걸왕의 잘못을 간하다가 노여움을 사서 죽임을 당했고, 포학한 주왕을 간하던 비간은 사지가 찢기는 벌을 받았고, 포학한 주왕의 잘못을 간한 기자는 미친 척하며 살아야 했고, 간신인 악래는 피살되었으며, 포학한 걸왕과 주왕은 마침내 멸망했다.

충성된 신하를 바라지 않는 임금은 없으나, 신하의 충성을 꼭 믿는 것만은 아니다. 오자서는 오왕 부차에게 월나라에 식량을 보내지 말라고 간하다 부대에 담겨 강물에 던져졌다.

주나라 경왕에게 원통한 죽임을 당한 장굉의 시체는 3년이 지나도록 피를 간직했다가 짙푸른색으로 변했다.

쓸모 없는 것과 쓸모 있는 것의 차이

장자가 산길을 가다가 크고 굵은 나무를 보았다. 그런데 벌목꾼들이 그 나무를 베지 않았다.

"왜 이 나무는 베지 않습니까?"

"쓸모가 없어서 베지 않습니다."

장자는 속으로 '이 나무는 쓸모가 없어서 제 목숨을 다 살게 되는구나.' 생각했다.

장자는 읍내로 들어가 친구네 집에서 묵었다. 친구는 술과 안주를 장만하면서 아이를 시켜 기르는 거위를 한 마리 잡으라고 했다.

"한 마리는 잘 울고 한 마리는 잘 울지 못하는데 어느 놈을 잡을까요?"

"울지 못하는 놈을 잡아라."

이튿날 장자의 제자가 물었다.

"지난번 산 속에서는 나무가 쓸모가 없어서 베어지지 않고 제 목숨을 누릴 수 있었고, 어제 이 집의 거위는 쓸모가 없어서 목숨을 잃었습니다. 선생님께서는 어느 편을 취하시겠습니까?"

"나는 쓸모가 있고 없음의 중간에 있고자 한다. 쓸모 있고 쓸모 없는 것의 중간은 같으면서도 다르다. 쓸모 있는 것이 있으면 쓸모 없는 것이 있고, 이루어짐이 있으면 무너짐이 있고, 성함이 있으면 쇠함이 있고, 이로움이 있으면 손해나는 것이 있고, 차는 것이 있으면 이지러지는 것이 있고, 곧은 것이 있으면 굽은 것이 있고, 합하는 것이 있으면 헤어지는 것이 있고, 아끼는 것이 있으면 버리는 것이 있고, 지혜가 많으면 일을 꾸미고 어질지 않으면 남을 속인다."

도둑들은 선비를 왜 죽였나

우결은 인품이 높은 선비인데 출타했다가 도둑을 만났다. 도둑이 가지고 있는 재물을 다 달라고 하므로 다 주고, 수레와 말도 달라고 하므로 다 주고, 옷도 달라고 하므로 다 주었다.

도둑들이 저희끼리 이렇게 말했다.

"저 사람은 틀림없이 높은 자리에 있는 사람이다. 달라는 대로 선선히 다 주는 것은 나중에 다시 되찾을 방도가 있기 때문에 그리 한 것이다. 우리에게 모욕을 당했으니 관가에 고발할 것이고, 그러면 군이 동원되어 우리를 잡아 죽일 것이니, 우리는 살아남을 수 없을 것이다. 그러니 우리가 저 사람을 죽여 흔적을 없애는 것이 좋겠다."

도둑들은 30리를 뒤쫓아가 우결을 죽였는데, 도둑들이 우결을 인품 높은 선비가 아니라 높은 자리에 있는 사람으로 알았기 때문에 이런 결과가 나온 것이다.

사공은 왜 삿대로 머리를 내리쳤나

군대가 나룻배를 타고 강을 건너는데, 용사로 유명한 맹분이 병사들을 지휘하기 위해 줄에서 벗어나 앞장을 섰다. 사공은 새치기를 하는 것으로 알고 삿대로 맹분의 머리를 내리쳤다. 맹분이 성난 눈으로 사공을 노려보는데 머리카락이 곤두서고 눈꼬리가 찢어지고 귀밑털이 꼿꼿이 섰다.

나룻배를 탔던 사람들이 놀라 물 속으로 떨어지고, 아무도 그를 똑바로 보지 못하고, 그의 앞에 서려고 하는 사람이 없었다.

알고 알지 못하는 것은 다 믿을 것이 못된다. 다만 선한 것을 가까이 하면 화를 면할 수 있으련만, 선한 것을 변별하지 못하면 선한 사람이라도 화를 면하지 못한다.

❈

영원히 살려다 일찍 죽은 사나이

단표라는 사람은 도술을 좋아했다. 티끌 세상을 버리고 산으로 들어가 바위굴에 살면서 낟알을 먹지 않고 솜 넣은 옷을 입지 않았다.

영원히 살기 위한 도술을 익혔는데, 오래 살지 못하고 호랑이의 밥이 되고 말았다.

❈

이치에 맞지 않는 말

공자가 길을 가다가 쉬고 있는데, 말이 도망쳐 벼를 뜯어먹었다. 농부가 달려와 말을 끌어 갔다.

공자의 제자 자공이 이치에 맞는 말로 농부를 설득했으나 농부는 말을 돌려 주지 않았다.

시골에서 태어나 공자를 따라다니는 신출내기 제자가 있었는데, 그가 농부에게 말했다.

"당신은 동해에서 농사짓지 않고 나는 서해에서 농사짓지 않는다. 그러니 우리 말이 당신네 벼를 뜯어먹지 않을 수 있겠는가."

85

이 말을 들은 농부가 크게 기뻐하면서

"무슨 말인지는 모르겠지만 어쨌든 말을 잘 한다."

하고는 말을 돌려 주었다.

이야기가 이와 같이 이치에 맞지 않건만 오히려 효과가 있었다.

사랑한다는 것

나 자신을 수양하려면 남을 사랑해야 하는데, 남을 사랑하는 것은 나 자신이지만, 그 사랑을 보는 것은 남들이다.

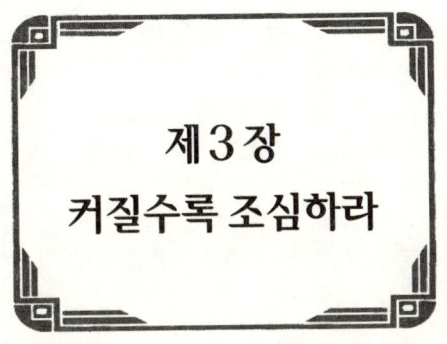

제3장
커질수록 조심하라

훌륭한 지도자는 평안할 때 위험한 것을
생각하고 얻는 것이 있을 때 잃을 것을 생
각한다.

1
· · · · ·
크면 클수록

※

얻은 것이 있을 때 잃을 것을 생각하라

현명한 임금은 나라가 커지면 더욱 조심하고, 나라가 강해지면 더욱 두려워한다.

나라가 커진다 함은 이웃나라의 땅을 빼앗는다는 말이요, 나라가 강해진다 함은 이웃나라와 싸워 이긴다는 말이다.

이웃나라와 싸워 이기면 원망이 많아지고, 땅을 빼앗아 이웃나라를 작게 만들면 근심거리가 많아진다.

근심거리가 많아지고 원망하는 소리가 높아지면 나라가 아무리 강대하다고 하더라도 어찌 두렵지 않고 무섭지 않겠는다.

어진 임금은 평안할 때 위험한 것을 생각하고, 번성했을 때 곤궁

88

한 것을 생각하고, 얻은 것이 있을 때 잃을 것을 생각한다.

'주서(周書)' 에 '깊은 연못 가에 다다른 것처럼 하고 얇은 얼음을 밟듯이 하라.' 고 씌어 있다.

언제나 삼가고 조심하라는 말이다.

하나라의 걸왕이 망한 까닭

하나라 걸왕은 모질고 사나우며 고집이 세고 욕심이 많아 천하가 두려워하며 떨었다.

걸왕의 말은 앞뒤가 맞지 않고, 일의 기준이 들쭉날쭉하여 도무지 그의 뜻을 가늠하기가 어려웠다.

충신을 죽이고 아첨꾼이 위세를 부려, 제후들은 속이고 업신여겼다. 어진 선비들은 답답하여 한숨만 쉬고, 백성들은 먼 나라로 떠날 생각만 했다.

대신들은 나라의 앞날을 근심하고, 걸왕에게 배반할 뜻을 가지고 있었지만, 그 뜻을 하나로 모으지 못했다.

걸왕은 스스로 현명하다고 여겨 자기가 저지른 잘못을 오히려 잘한 일로 알고 자랑하며, 악을 선이라고 착각했다.

민심은 무너지고 임금은 고립되어 갔다.

상나라 탕왕은 천하가 평안하지 못한 것을 근심하여, 이윤을 첩
자로 하나라에 보내 걸왕의 동정을 살피게 했다.

이윤을 첩자로 보내기 위해 걸왕을 속여야 했기에 이윤은 도망
가는 것처럼 하고, 탕왕은 이윤을 잡으려는 것처럼 쫓아가며 활을
쏘았다.

이윤은 하나라에서 3년 동안 살면서 탕왕에게 하나라의 사정을
낱낱이 보고했다.

"걸왕은 말희에게 미쳐 그녀의 아름다운 용모만 사랑할 뿐 백
성들을 돌보지 않습니다. 백성은 흩어지고 상하가 서로 미워하며,
모두들 말하기를 '하늘이 하나라를 버리셨으니 하나라의 천명은
다했다' 라고 합니다."

이윤은 탕왕의 근황을 살피기 위해 말희에게 접근했다.

어느 날 말희에게서 이런 말을 들었다.

"간밤에 걸왕이 꿈을 꾸었다. 서쪽에도 해가 있고 동쪽에도 해
가 있는데 두 해가 싸우다가 서쪽 해가 이기고 동쪽 해가 졌다고
한다."

이윤은 이 말을 탕왕에게 전하며 이제 때가 왔으니 군대를 일으
키라고 건의했다. 마침 상나라에는 큰 가뭄이 들어 군대를 일으킬
형편이 아니었지만, 탕왕은 이윤을 믿고 군대를 일으켰다.

상나라 군대는 하나라의 서쪽으로 쳐들어갔다. 싸움이 붙기도
전에 하나라의 군대는 달아나기에 바빴고, 걸왕은 피살되어 수치

스러운 이름을 후세에 남겼다.

탕왕이 천자가 되니 백성들은 마치 헤어졌던 부모를 만난 것처럼 기뻐했다.

조정의 인사는 이동이 없었고, 백성들은 농토에서 떠나지 않았고, 장사치들은 가게를 옮기지 않았다. 이것은 한없는 공평이요, 한없는 안정이요, 한없는 믿음이다.

도탄에 빠진 백성을 구하기 위해 가뭄의 재앙도 피하지 않은 것은 이윤의 지혜였다.

탕왕은 이윤을 발탁하여 천하를 얻은 것이다.

어진 정치란 어떻게 하는 것인가

주나라 무왕이 은나라를 정벌하고, 모든 것이 다 무너져 버린 이 나라를 어떻게 해야 잘 다스릴 것인지 막중한 책임이 두려워 한숨을 짓고 눈물을 흘렸다.

은나라 도읍으로 들어가 아직 수레에서 내리기 전에 맨 먼저 한 일은 황실의 후손들을 제후에 봉해 예우하고, 그런 다음 원로들을 찾아가 은나라가 왜 망하게 되었는지 까닭을 묻고, 나라가 망했는데 백성들이 왜 저렇게 기뻐하는지 그 까닭을 물었다.

원로들은 "어진 정치가 회복되기를 바라서입니다." 하고 말했다.

무왕은 창고 문을 열어 곡식을 풀고, 재화를 백성들에게 나누어 주고, 감옥 문을 열어 죄수들을 풀어 주고, 빚을 탕감해 주어 가난한 백성을 구제했다.

은나라 왕에게 충성으로써 간하다가 죽임을 당한 충신들의 무덤을 높이고, 살던 집을 잘 보존하고, 살던 마을을 표창하여, 그 앞을 지나갈 때는 수레에서 내려 경의를 표하게 했다.

사흘이 지나기 전에, 이번 은나라 평정에 공이 많은 신하들을 모두 제후에 봉하고, 각자의 공로에 맞는 상을 내리고, 백성에게는 부역과 세금을 면제해 주었다. 그런 다음 종묘에 제사를 지냈다.

싸움터에 데리고 갔던 말과 소 들을 살기 좋은 땅에 풀어 주고 다시 타거나 부리지 않았다.

깃발과 갑옷과 무기는 짐승의 피를 발라 무기고에 보관했는데 다시 꺼내 쓰는 일이 없었다.

무왕이 포로들에게 '은나라에 어떤 요사스러운 일이 있었는지'를 물었다.

한 포로가 "대낮에 별이 보이고, 피비가 내리기도 했습니다." 했다. 또 다른 포로는 "그보다 더 큰 요사스러운 일이 있었습니다. 자식이 부모의 말씀을 듣지 않고, 동생이 형의 말을 듣지 않으며, 임금의 명이 서지 않았습니다. 이보다 더 큰 요사스러운 일이 있겠습니까." 했다.

무왕은 이 말을 듣고 자리에서 일어나 포로에게 두 번 절했다. 그 포로들의 말이 존중할 만한 것이기 때문이었다.

�֍

승리는 얻기보다 지키기가 어렵다

조양자가 신목자에게 북방 개척을 명했다. 신목자는 하루아침에 두 성을 점령하고 이 사실을 조양자에게 보고했다.

조양자는 주먹밥을 먹고 있다가 이 소식을 듣고 근심스러운 낯빛이 되었다. 좌우에 있던 신하들이 "하루아침에 두 성을 빼앗았으니 기쁜 소식이 아닙니까. 그런데 어인 까닭으로 근심스러운 빛을 띠십니까?" 하고 물었다.

"큰 강물이 넘쳐도 사흘을 넘기지 못하고, 사나운 회오리바람이 몰아쳐도 순간에 지나지 않는다. 아직 나의 덕행이 쌓이지 않았는데, 하루아침에 두 성을 빼앗았으니 빼앗긴 자의 원망이 내게 미칠까 두렵구나."

공자가 이 말을 듣고 "조양자는 번성하겠구나." 했다.

걱정하는 것은 번성할 징조요, 기뻐하는 것은 멸망할 조짐이다. 싸워서 이기기는 그리 어려운 일이 아니다. 그 승리를 지키기가 어려운 것이다.

93

어진 임금은 승리의 성과를 지켜 나가므로 후세에까지 영광이
미친다.

공자는 성문의 자물쇠를 한 손으로 움켜잡고 성문을 들어올릴
만한 힘이 있었지만, 위대한 사상가로 알려졌을 뿐 장사로 세상에
알려지지 않았다.

묵자는 아홉 번 공격해 온 초나라 군대를 아홉 번 다 몰아냈을
만큼 지키는 데 능했으나, 사상가로 알려졌을 뿐 명장으로 세상에
알려지지 않았다.

2
•••••
공훈을 헤아려라

�֍

작은 것을 버리고 큰 것을 취하라

작은 이득을 버리지 않으면 큰 이득을 얻을 수 없고, 작은 충성을 버리지 않으면 큰 충성을 이룰 수 없다. 그러므로 작은 이득은 큰 이득을 해치는 것이요, 작은 충성은 큰 충성의 도적이 되는 것이다.

성인은 작은 것을 버리고 큰 것을 취한다.

95

※
작은 충성은 큰 충성의 도적이다

초 나라와 진(晉) 나라가 싸웠는데, 이 싸움에서 초나라의 공
왕이 부상했다.

두 나라의 군대가 잠시 휴식을 끝내고 다시 싸우기 위해 마주 보
고 진을 치고 있었다.

싸움을 앞두고 초나라의 사령관인 자반이 갈증이 나서 물을 가져
오라고 했다. 부관이 명을 받아 가져온 것은 물이 아니라 술이었다.

"이건 술이 아니냐. 전투를 앞두고 지휘관이 술을 마셔서야 되
겠느냐."

자반이 꾸짖었으나 부관은 "이건 술이 아니라 물입니다." 하고
우기면서 다시 권하는 것이었다.

"빨리 치우지 못할까?"

자반이 큰 소리로 물리치는데도 부관은 끝까지 "이건 술이 아
니라 물입니다." 하고 권하는 것이었다.

자반은 갈증이 너무 심해서 술을 받아 마셨다. 원래 자반은 술
을 몹시 좋아해서 술병을 입에서 떼지 못하는 사람이었다. 그래서
부관이 자반을 위해 술을 갖다 준 것이다. 자반은 술에 취한 채로
나가 싸웠다.

한바탕 싸움이 끝나고, 다음 전투를 위한 작전 회의를 하기 위해

96

공왕이 사령관을 불렀다. 자반은 술이 취한 채로 왕 앞에 나갈 수가 없어 병을 핑계로 가지 않았다. 공왕은 친히 사령관의 막사로 찾아갔다. 막사 안으로 들어가니 술 냄새가 코를 찔렀다.

공왕은 돌아와 탄식하며 말했다.

"오늘 싸움에서 나는 부상했고, 사령관은 술에 취해서 저 모양이니 큰일이구나. 적과 싸우면서 사령관이 술을 마신 것은 나라를 지키겠다는 충성심이 없는 것이요, 휘하 장병의 목숨을 돌보겠다는 책임을 망각한 짓이니, 내가 누구를 믿고 싸울 것인가."

공왕은 싸움을 포기하고 군대를 거두어 돌아갔다. 도성으로 돌아오자마자 자반의 죄를 물어 참형으로 다스렸다.

부관이 사령관에게 술을 권한 것은 술을 좋아하는 사령관을 위한답시고 제딴에는 충성심에서 한 일이었지만 결과는 참형을 당하게 하고 말았다.

그러므로 작은 충성은 큰 충성의 도적이 된다고 말하는 것이다.

✻

작은 이익은 큰 이익을 해친다

진(晉)나라가 괵나라를 치려 했다. 괵나라를 치려면 우나라를 지나가야 했으므로 우나라의 길을 빌려야 했다. 진나

97

라의 헌공은 이 일을 순식에게 맡겼다.

순식이 계책을 말했다.

"전하께서 아끼시는 구슬과 말을 우나라 왕에게 뇌물로 주고 길을 빌려 달라고 하면 틀림없이 길을 빌려 줄 것입니다."

"구슬은 대대로 내려오는 보물이요, 말은 내가 사랑하는 준마인데, 그 귀한 것을 우나라 왕이 받기만 하고 길을 빌려 주지 않으면 어찌할 것인가."

"그렇지 않습니다. 우나라 왕은 길을 빌려 주지 않을 생각이면 예물을 받지 않을 것입니다. 만약 우리가 주는 예물을 받고 길을 우리에게 빌려 준다면, 예물은 집 안 창고에 보관한 것을 집 밖 창고에 보관하는 것과 마찬가지입니다. 말은 집 안 마굿간에 매 두던 것을 집 밖 마굿간에 매 두는 것과 같습니다. 사정이 이러한데 무엇을 걱정하십니까."

그제서야 헌공은 순식의 계책을 받아들였다.

순식이 구슬과 말을 우나라 왕에게 바치고, 괵나라를 치러 가는데 길을 빌려 달라고 청했다.

우나라 왕은 구슬과 말이 탐나서 길을 빌려 주려고 했다. 그런데 신하들이 반대하고 나섰다.

"길을 빌려 주면 안 됩니다. 우리 나라와 괵나라는 입술과 이의 관계와 같습니다. 입술이 없으면 이가 시리다는 옛말이 있습니다. 괵나라가 있으면 우리 나라에 의지가 되고 우리 나라가 있으면 괵나라에 의지가 됩니다. 진나라에게 괵나라를 치는 길을 빌려 주면 괵나라는 아침에 멸망하고 우리 나라는 저녁에 멸망할 것입니다."

그러나 우나라 왕은 신하들의 말을 듣지 않고 순식에게 길을 빌려 주었다.

순식은 괵나라를 쳐 승리를 거두고, 돌아오는 길에 우나라까지 쳐서 굴복시켰다. 예물로 주었던 구슬과 말도 빼앗아 가지고 돌아와 헌공에게 바쳤다.

헌공은 "구슬이 그 새 더 반질반질해졌고, 말도 그 새 이빨이 조금 더 자랐구나." 하면서 기뻐했다.

그러므로 작은 이득은 큰 이득을 해롭게 한다고 말하는 것이다.

✖

큰 종이 갖고 싶어 나라를 잃다

진(晉)나라 지백이 구요 고을을 치고자 하는데 산세가 험해서 군대가 나아갈 길이 없었다.

지백이 꾀를 내어 큰 종을 커다란 수레에 실어서 구요에 선물로 보냈다. 구요의 성주가 산허리를 자르고 골짜기를 메꾸어 큰 종을 실은 수레를 맞아들일 길을 만들려고 했다. 그러자 부하 중에 적장만지가 반대하고 나섰다.

"지백이 우리에게 큰 종을 선물하는 까닭이 분명치 않습니다. 지백은 욕심이 많고 신의가 없는 사람이라고 합니다. 지백이 우리를 공격하고 싶은데 길이 없어, 큰 종을 만들어 커다란 수레에 실어 보내서 우리에게 길을 만들게 하려는 속셈입니다. 길이 만들어지면 큰 종 뒤에는 틀림없이 군대가 따라올 것입니다."

"큰 나라에서 사이 좋게 지내자는 좋은 뜻으로 보내는 예물을 우리가 거절하면 장차 그 보복을 어찌 감당할 것인가. 그러니 그 종을 받을 수밖에 없지 않은가. 그대는 내 뜻에 따르라."

적장만지는 "아랫사람이 충성하지 않는 것은 도리가 아니다. 그러나 그 충성이 받아들여지지 않으면 떠날 수밖에 없다."고 말하고 위(衛)나라로 망명했다.

적장만지가 위나라에 망명한 지 7일 만에 구요는 지백에게 점령당하고 말았다.

이것은 구요의 성주에게 종을 갖고 싶은 마음이 앞섰기 때문에 일어난 결과이다. 종을 가지고 싶은 마음이 앞서 있다면 그 마음을 돌리기란 어려운 일이다. 그러므로 무엇을 갖고자 하는 마음이 일어난다면 깊이 살펴서 그 좋은 것이 주어지는 까닭을 먼저 헤아려야 할 것이다.

100

✳

상금 아끼려다 나라를 잃다

연 나라와 진나라, 한나라, 조나라, 위나라의 다섯 나라가 연합군을 결성하여 제나라로 쳐들어갔다. 제나라에서는 촉자를 장수로 삼아 막게 했다.

촉자는 나아가 싸우면 불리하기 때문에 될 수 있는 대로 싸움을 피하고 지키는 방법을 택했다. 제나라 왕은 그것이 못마땅했다. 빨리 맞서 싸워서 침략군을 물리쳐 주기를 바랐다.

사람을 보내 싸움을 독려하면서 "그대가 적군과 싸우지 않고 피하기만 한다면 그대 가족을 다 죽이고 조상의 무덤을 파헤쳐 버리겠다."고 협박까지 했다.

촉자는 이 말을 듣고 싸우기는 싸우되 져 주기로 결심했다. 촉자는 연합군과 맞서 싸우다가 싸움이 한창 벌어졌을 때 징을 쳐서 후퇴 명령을 내리니, 이 한판 싸움으로 제나라는 패배하고 연합군은 무섭게 추격해 왔다.

촉자는 수레를 타고 어디론가 숨어 버렸는데, 그 이후로는 소식이 끊겼다.

달자가 흩어진 군대를 수습하여 전열을 정비하고, 상으로써 장병들의 사기를 올려 주려고 왕에게 상금을 내려 달라고 청했다.

제나라 왕은 "싸움에서 지고 달아난 패잔병 주제에 상이라니."

101

라고 화를 내며 상금을 내리지 않았다.

왕이 우리를 미워한다고 생각한 장병들은 더욱 사기가 떨어져 전의를 상실했다. 제나라 군대는 추격해 온 연합군에게 대패하고, 달자는 전사하고, 왕은 도성을 버리고 달아났다.

도성을 점령한 연합군은 서로 다투어 창고 문을 열고 많은 돈과 재물을 털어 갔다.

제나라 왕은 적은 상금을 아끼려다 나라까지 잃고 만 것이다.

3

어진 이를 예우하라

어진 사람을 얻으면 천하를 얻는다

어진 선비는 아첨하지 않으므로 왕에게 거만하게 굴고, 어리석은 왕은 어진 선비 앞에서 거만하게 군다. 이렇게 서로 거만을 부리면 양쪽 다 얻는 것이 없다.

현명한 왕은 어진 선비가 거만하게 굴더라도 예로써 대우한다. 그러면 어진 선비는 감동하여 왕을 도와 줄 것이다. 어진 선비가 가는 곳에는 민심이 따라가므로 어진 선비를 얻은 왕은 천하를 얻어 제(帝)가 될 것이다.

제(帝)라는 글자는 천하 사람들의 주인이라는 뜻이요, 왕(王)이라는 글자는 천하 사람들이 머물러 간다는 뜻이다.

깨달은 사람은 천자처럼 귀해져도 거만하지 않고, 천하를 다 가질 만큼 부해져도 자랑하지 않고, 비천하여 베옷을 입고도 비굴하지 않고, 가난하여 먹을 것이 없어도 걱정하지 않는다.

세상 돌아가는 이치를 다 알면 의심하지 않고, 판단력이 뛰어나면 결심한 일을 바꾸지 않고, 순환의 법칙에 따르므로 무리가 없고, 분명하고 진솔해서 뜻이 곧고, 조심하고 성실해서 거짓이 없고, 꼼꼼하면서 대범하고, 깊은 속을 헤아릴 길이 없고, 지조가 확고해서 꺾을 수 없고, 생각이 유연해서 자기 고집을 부리지 않고, 마음 내키는 대로 살면서 세속적인 명예를 가벼이 여긴다.

✳

어진 사람을 얻기 위해 노력한 왕들

요 임금은 선권이라는 어진 선비를 만나 제왕의 존엄을 버리고 가르침을 청했다. 요임금은 천자요, 선권은 한낱 선비에 불과한데 무슨 까닭으로 이처럼 극진한 예우를 했을까. 그것은 선권이 어진 선비이기 때문이었다.

어진 선비 앞에서는 아무리 제왕이라 하더라도 교만할 수 없다. 요임금은 자신의 덕과 지혜가 그만 못하다고 여겨 그에게 가르침을 청한 것이다.

104

주공 단은 주나라 문왕의 아들이요, 무왕의 동생이며, 성왕의 숙부이다.

가난한 사람들이 사는 마을에, 독 밑을 깨 구멍을 내서 창으로 삼고 사는 어진 선비 70인이 살고 있었다.

문왕이 일찍이 이들을 찾아갔으나 만나지 못했고, 무왕이 이들을 찾아가 만나보기는 했으나 얻은 것이 없었는데, 주공 단이 어린 성왕을 안고 가 이들을 만나고 좋은 가르침을 얻어 기쁜 마음으로 돌아왔다.

사람들은 "성왕이 어진 선비들을 만났다고 하나 어린 성왕이 무엇을 얻을 수 있었겠는가. 성왕은 몸을 구부려 절만 하고 돌아온 것이다." 하고 말했다.

제나라 환공이 어진 선비라고 알려진 소신직을 만나기 위해 하루에 세 번씩이나 찾아갔지만 만나지 못했다.

시종이 환공에게 그를 만나는 일을 그만두기를 권했지만, 환공은 듣지 않고 다섯 번째 찾아가서 마침내 소신직을 만났다. 그리고 소신직의 가르침을 받아 패업을 이루었던 것이다.

이 세 가지 일만 보더라도 어진 인재를 얻기 위해 제왕들이 얼마나 많은 노력을 기울였는 가를 알 수 있다.

18년간이나 재상 자리를 지킬 수 있었던 것은

정나라 재상 자산이 호구자림이라는 선비를 만나러 갔다. 호구자림과 그의 제자들은 나이 순서대로 차례를 지켜 질서 있게 앉아서 자산을 맞았는데, 나라의 재상인 자산을 맨 아랫자리인 문 쪽에 앉히는 것이었다.

자산은 그런 일에 마음을 쓰지 않고 호구자림에게 가르침을 청하고 진실된 마음으로 이들과 사귀었다.

자산이 18년 동안이나 재상 자리에 있었지만, 벌을 준 사람은 겨우 세 사람뿐이고, 사형시킨 사람은 겨우 두 사람뿐이었다.

그가 재상으로 있는 동안 백성들은 복숭아 가지가 휘늘어진 길에서도 그 가지를 휘어잡는 일이 없고, 좋은 칼이 길가에 버려져 있어도 주워 가지 않았다.

4

베풀어라

작은 선으로 목숨을 건지다

조선맹이 군사를 이끌고 강읍 쪽으로 가다, 뽕나무 그늘 아래 굶주림에 지쳐 쓰러져 있는 사람을 보았다. 조선맹은 행군을 멈추고 그에게 먹을 것을 주었다.

쓰러져 있던 사람이 먹을 것을 보고 허겁지겁 배를 채우더니 그제서야 겨우 눈앞이 보이는 것 같았다.

조선맹이 "어쩌다가 이렇게 굶주리게 되었는가." 하고 물었다.

"저는 강읍에서 벼슬을 살다가 집으로 돌아오는 길에 식량이 떨어졌습니다. 그러나 구걸하기가 부끄럽고, 그렇다고 남의 것을 훔치는 일은 더욱 싫어 이 지경에 이르렀습니다."

조선맹은 말린 고기 두 조각을 더 주었다. 그 사람은 고기를 받아들고 먹지 않았다. 조선맹이 왜 먹지 않느냐고 물었다.

"고향에 늙은 어머니가 저를 기다리고 계십니다. 이 고기는 어머니께 드리려고 합니다."

조선맹은 "이 고기는 네가 먹어라. 어머니께 드릴 고기는 따로 주겠다." 하고는 말린 고기 두 묶음과 돈 1백 냥을 주었다.

그로부터 2년 후, 진(晋)나라 영공이 조선맹을 죽이려고, 미리 방 안에 자객을 숨겨 두고 술자리를 마련해 조선맹을 초청했다. 술을 마시다가 조선맹이 눈치를 채고 방 밖으로 나가자, 영공이 자객에게 명해 빨리 쫓아가 조선맹을 죽이라고 했다.

이 때 자객 중 한 사람이 재빨리 조선맹을 수레 쪽으로 데리고 가서 "빨리 수레에 오르십시오. 제가 여기서 저놈들을 막겠습니다." 하는 것이었다.

"그대는 누구인가?"

"이름을 알아서 무엇하시려구요. 저는 뽕나무 밑에 쓰러져 있던 사람입니다."

하고는 뒤쫓아오는 자객들을 가로막아 싸우다가 목숨을 잃었다. 그 틈에 조선맹은 수레를 타고 달아나 목숨을 건졌다.

선비를 잘 대우하면

장의는 전국 시대 합종연횡설을 주장한 이론가이며 웅변가이다.

서쪽의 강국 진(秦)나라가 동쪽에 있는 한(韓)나라, 위(魏)나라, 조(趙)나라, 초(楚)나라, 연(燕)나라, 제(齊)나라의 여섯 나라와 화평 조약을 맺어 평화를 유지하자는 주장이 합종연횡설이다.

장의가 진나라 혜왕을 설득하기 위해 서쪽으로 가다가 동주 땅을 지나고 있었다. 이 사실을 동주의 소문군에게 알려 준 이가 있었다.

"장의는 재주와 지혜가 뛰어난 사람입니다. 지금 진나라로 가고 있는데, 그를 예로써 대우하는 것이 좋을 듯합니다."

이 말을 들은 소문군이 장의를 초대했다.

"선생께서 진나라로 가신다고 들었습니다. 우리 나라는 너무 작아서 선생을 모시기에 부족해 머물러 달라고 부탁할 수가 없습니다. 진나라에 계시다가 혹 다른 나라로 옮기실 때 우리 나라로 와 주신다면 기꺼이 선생을 모시겠습니다."

장의는 따뜻한 영접에 감사드리고 진나라로 떠났다. 소문군은 친히 국경까지 가서 전송하고, 두둑한 여비도 마련해 주었다.

장의가 진나라에 가 묵고 있는 동안 진나라 혜왕이 그를 재상으로 삼았다. 그리고 장의의 합종연횡설에 동의하고 화평 조약을 맺기 위해 각국의 제후들을 불러 회동할 때, 동주는 비록 작은 나라지만 위나라 왕이 소문군의 수레를 몰았고, 한나라 왕은 수레의 오른쪽에 앉아 소문군을 호위했으며, 혜왕은 소문군을 스승으로 모셨다. 이것은 다 장의가 그렇게 하도록 한 것이다.

····· 5 ·····

말은 부드러워야 힘이 세다

✖

말을 잘 하는 사람은

말을 잘하는 사람은 남의 힘을 내 힘으로 만들고, 오는 것으로 오는 것을 돕고 가는 것으로 가는 것을 돕되 자취를 남기지 않으며, 태어나는 것을 돕고 자라는 것을 도와 자연의 이치에 따른다. 그리고 말로써 잘 되게 도와 주고, 말로써 사라짐을 도와 끝나게 한다. 비록 힘이 세다고 해도 재주가 많다고 해도, 힘은 힘으로 제압하고 재주는 재주로 제압한다.

바람에 실어 소리를 질러도 그 소리의 빠름이 더 빨라지는 것이 아니고, 높은 산에 올라 바라본다고 해서 눈이 더 밝아지는 것이 아니다. 다만 그렇게 하면 좋을 것 같아서 그렇게 하는 것이다.

111

왜 갑옷은 누더기보다 더 나쁜가

전찬이 누더기를 입고 초나라 왕을 만났다. 초나라 왕이 "선생의 옷은 왜 그렇게 남루하오.?" 하고 물었다.

"이보다 더 나쁜 옷도 있습니다."

"그렇습니까? 그게 어떤 옷이오?"

"갑옷이 이 옷보다 더 나쁩니다."

"갑옷이라? 왜 그렇소?"

"겨울에 입으면 춥고 여름에 입으면 더우니 옷치고 갑옷보다 더 나쁜 옷이 없습니다. 저는 가난하기 때문에 의복이 남루합니다. 왕께서는 부와 귀를 다 갖고 계십니다. 그런데도 백성들에게 갑옷 입히기를 좋아하니 저로서는 이해할 수가 없습니다. 갑옷은 의를 위해 입는 것입니까? 갑옷이란 전쟁을 할 때 입는 옷입니다. 사람의 목을 베고 사람의 배를 가르고, 남의 아비와 자식을 죽이는 일이 전쟁입니다. 전쟁이란 사람을 죽여 이름을 날리게 하는 것이니 매우 영광스럽지 못한 이름을 날리게 하는 것이 아니겠습니까. 갑옷은 재물을 얻기 위해 입는 옷입니까? 내가 남을 해치려고 생각한다면 남도 또한 나를 해치려고 생각합니다. 남을 위험에 빠뜨릴 것을 생각한다면 남도 나를 위험에 빠뜨릴 것을 생각할 것입니다. 사람에게 재물이란 매우 안전하지 못한 것입니다. 그래서 저는 해로운 것과 위험한 것을 왕에게 권해 드리지 않는 것입니다."

이 말에 대해 초나라 왕은 대답할 수가 없었다.

노래를 부르며 수레를 끌다

관자가 노나라의 포로가 되었다. 노나라는 관자를 결박짓고 죄수용 수레에 실어 제나라로 보냈다.

관자는 노나라 사람들이 자기를 죽일는지도 모른다고 생각하고, 빨리 노나라 땅에서 벗어나고 싶었다.

관자가 호송인들에게 말했다.

"내가 당신들을 위해 노래를 부를 터이니 당신들은 내 노래를 따라 부르시오."

관자가 노래를 선창하고 호송인들이 따라 부르면서 가니, 호송인들은 피곤한 줄 모르고 수레를 빨리 끌고 갈 수 있었다.

관자는 빨리 노나라에서 벗어나는 이익을 얻었고, 호송인들은 피곤함을 잊고 일을 빨리 끝내는 이익을 얻었으니, 관자는 말로써 상황을 잘 이용했다고 할 수 있을 것이다.

6
• • • • •
사람을 어떻게 쓸 것인가

✖

배가 못하는 일은 수레가 하고

배도 짐을 실어 나르고 수레도 짐을 실어 나른다. 그러나 배
는 물에서는 잘 다니지만 땅에서는 다닐 수 없고 수레는
땅에서는 잘 다니지만 물에서는 다닐 수 없다.

그래서 물을 건널 수 있는 배에게 물을 건너지 못하는 수레의
짐을 맡겨 옮길 수 있고, 땅을 갈 수 없는 배의 짐을 땅에서 잘 다
니는 수레에게 맡겨 옮길 수 있다. 이것을 가리켜 '할 수 있는 것
에게 할 수 없는 것을 부탁한다' 고 하는 것이다.

북쪽 지방에 궐이라고 하는 짐승이 사는데, 윗몸은 쥐처럼 생겼
고, 아랫도리는 토끼처럼 생겨서, 빨리 가면 고꾸라지고 달려가면

114

자빠진다.

궐은 공공허허라는 말처럼 생긴 짐승에게 감초를 뜯어다 주고, 공공허허는 궐이 갖다 주는 감초를 먹고 산다. 그러다가 궐이 위험에 빠지면 공공허허가 궐을 업고 달린다.

잘 달릴 수 있는 공공허허가 잘 달리지 못하는 궐을 업고 달리는 것은, 할 수 있는 것에게 할 수 없는 것을 부탁하는 것이다.

✳

하늘의 뜻인 걸 어찌하리오

제나라의 공자 규와 공자 소백은 두 사람 다 희공의 아들이요, 양공의 동생인데 어머니가 달랐다.

포숙과 관중과 소홀 세 사람은 친한 벗이었다. 세 사람은 제나라의 장래를 위해서 누가 왕이 되어야 하는지 의논했다.

소홀이 "우리 세 사람은 솥의 세 발과 같아서 하나만 없어도 제대로 서지 못한다. 우리는 규를 도와 제나라를 안정시켜야 한다."고 말했다.

관중은 "그렇지 않다. 백성들이 규의 어머니를 미워해서 그 미움이 규에게까지 미치고 있다. 소백은 어머니를 잃었으므로 백성들이 그를 가엾게 여긴다. 앞으로 누가 정권을 잡을지 알 수가 없

115

다. 그러니 우리 세 사람 중 한 사람은 소백 편에 서는 것이 좋겠
다." 하고 말했다.

이렇게 해서 포숙이 소백을 돕기로 하고, 관중과 소홀은 규를
돕기로 했다.

나라가 어지러워지자 규는 노나라로 망명하고, 소백은 거 땅으
로 망명했다. 나라가 조금 안정을 찾자 먼저 소백이 돌아왔고 규
는 아직 돌아오지 않았다.

소백이 정권을 잡고 왕이 되니 그가 곧 환공이다. 규를 돕던 소
홀은 죽임을 당했고, 관중은 포숙의 도움으로 환공에게 재등용 되
었다.

소백은 일찍이 제나라로 돌아와 나라 사정에 밝았고, 규는 밖에
있었으므로 나라 사정에 밝지 못했다. 그러니 세력 다툼에서 불리
할 수밖에 없었다. 이것은 하늘의 뜻인가.

✸
문무를 겸비한 사람

제 나라가 조나라를 침공해 오자 조나라의 장군 공청은 결사
대를 거느리고 가 침략군을 깨뜨리고 적장을 죽였다.
공청의 결사대가 빼앗은 수레가 2천 대요, 적군의 시체가 3만을

넘었다.

공청이 적의 시체를 장사지내고 두 개의 커다란 무덤을 만들려고 하자 영월이 이렇게 말했다.

"옛날에 작전을 잘하는 사람은 적과 싸우다 후퇴할 때 시체를 그대로 두고 간다고 했습니다. 그러면 적군은 시체를 거두어 매장해 주느라고 시간과 재물을 소비할 것이니, 수레와 무기는 싸우느라 없어지고 시체까지 묻어 주느라 국고가 비게 될 것입니다. 이렇게 안을 치는 것을 내공(內攻)이라고 하지요."

공청이 "만약 제나라에서 시체를 거두어 가지 않으면 어떻게 해야 하는가." 하고 물었다.

"싸워 이기지 못하고 지는 것은 죄요, 남과 함께 나가서 남과 함께 돌아오지 못하는 것도 죄요, 시체를 돌려 주었는데 거두어 가지 않는 것도 죄입니다. 이렇게 죄를 거듭해서 지으면 백성들이 임금을 원망할 것입니다. 이렇게 위아래가 서로 반목하게 하는 것을 가리켜 중공(重攻)이라고 합니다."

이렇게 말한 영월은 문무를 겸비했다고 할 수 있다.

무를 쓰면 힘으로 승리를 거둘 수 있고, 문을 쓰면 덕으로 승리를 거둘 수 있다. 문과 무 두 가지로 다 승리를 거두면 어떠한 적인들 복종하지 않을 것인가.

7
자연에 따르고 민심에 따르라

흐름에 따른다는 것

옛날 하, 은, 주 시대에 소중하게 여겼던 것은 자연에 따르는 것이었으니, 자연에 따르면 천하에 적이 없다.

우왕이 세 강과 다섯 호수의 물길을 터서 동해로 흘러들어가게 한 것은 물의 흐름에 따른 것이다.

순임금이 한 번 옮겨 읍을 이루고, 두 번 옮겨 도(都)를 이루고, 세 번 옮겨 나라를 이루니, 요임금이 그에게 천자의 자리를 물려준 것은 백성들의 마음에 따른 것이다.

탕왕과 무왕이 작은 나라에서 일어나 큰 나라인 하나라와 상나라를 제압한 것은 백성들의 바람에 따른 것이다.

진(秦)나라에 가는 사람이 편안하게 갈 수 있는 것은 수레가 있기 때문이고, 월나라에 가는 사람이 편안하게 갈 수 있는 것은 배가 있기 때문이다.

진나라나 월나라로 가는 길은 매우 멀다. 그러나 편안히 갈 수 있는 것은 탈것의 편리함에 따른 것이다.

※

때가 무르익을 때까지 기다려라

주 나라의 무왕이 사람을 시켜 은나라의 정세를 정탐케 했다. 그가 돌아와 보고했다.

"은나라는 지금 어지럽습니다."

"그 어지러움이 어느 정도이더냐?"

"은나라 임금은 아첨 잘하는 자를 가까이 하고 충성스럽고 선량한 사람을 멀리 합니다."

무왕은 "아직 시기가 아니다." 했다.

정탐꾼이 다시 은나라에 들어갔다 돌아와 보고했다.

"은나라의 어지러움이 점점 더 심해지고 있습니다."

"그 어지러움이 어느 정도이더냐?"

"어진 이들이 달아나고 있습니다."

119

"아직도 시기가 아니다."

정탐꾼이 다시 은나라에 들어갔다 돌아와 보고했다.

"은나라의 어지러움이 매우 심합니다."

"그 어지러움이 어느 정도에 이르렀느냐?"

"백성들의 입에 재갈이 물려 왕의 잘못을 비판하지 못하고 왕의 포학함을 원망하지 못합니다."

"그렇다면 빨리 태공망에게 보고하라."

태공망이 정탐꾼의 이야기를 듣고 무왕에게 말했다.

"못된 짓을 밥먹듯 하고 충성스러움과 선량함을 멀리 하는 것을 포학하다고 하고, 어진 이가 달아나는 것을 무너진다고 하고, 백성들이 왕의 잘못함을 비판하지 못하고 왕의 포학함을 원망하지 못하는 것을 민심이 떠났다고 합니다. 이로 미루어 보건데 은나라의 어지러움이 끝에 이른 것 같습니다. 이제 더 기다릴 겨를이 없습니다."

마침내 무왕은 여러 나라의 제후들에게 은나라 공략을 통보하고, 갑자일에 은나라 교외에서 만나기로 하고, 전차 3백 대와 호랑이처럼 무섭고 날랜 병사 3천을 모아 은나라로 향했다.

무왕이 군대를 이끌고 유수에 이르니, 은나라의 사신 교격이 주나라 군의 사정을 알아보러 와서 무왕을 만났다.

"무왕께서는 언제쯤 은나라를 공격할 생각입니까. 저에게 솔직히 말씀해 주십시오."

"나는 아무도 속이지 않는다. 지금 곧 은나라로 갈 것이다."

"그 날짜를 가르쳐 주십시오."

"갑자일에 도착할 것이다. 그대는 돌아가 그대의 주인에게 그렇게 보고하라."

그 말을 듣고 교격이 돌아갔다.

계속해서 비가 내렸지만 무왕은 행군을 멈추지 않았다.

참모들은 병사들이 많이 지쳐 있으니 쉬었다 가는 것이 좋겠다고 건의했지만 무왕은 듣지 않았다.

은나라 사자 교격에게 갑자일에 도착할 것이니 가서 그렇게 보고하라고 했는데, 우리가 갑자일에 도착하지 못하면 교격은 허위 보고를 한 사람이 될 것이고, 그러면 폭군 주왕은 교격을 죽이고 말 것이니, 빨리 가서 교격을 구해야 한다면서 행군을 계속했다.

주나라 군대는 마침내 갑자일에 은나라 교외에 당도했다.

은나라 군은 주나라 군을 기다리고 있었지만, 전투가 벌어지자 싸울 생각은 않고 도망갈 생각만 해, 무왕은 바람이 풀잎을 누이듯 은나라 군을 휩쓸고 도성 안으로 들어갔다.

무왕은 비록 그것이 적과 한 약속이라 하더라도 지켜야 할 신의를 지킨 것이다.

무왕은 백성이 바라는 것은 따랐고, 백성들이 싫어하는 것을 쳐서 없애 주었으니, 무왕은 농사짓지 않고 수확을 거둔 것이 된다.

무왕은 은나라에 덕망 높은 노인이 있다는 말을 듣고 그를 찾아

121

가서 은나라가 멸망하게 된 까닭을 물었다.

　노인은 지금은 볼 일이 있으니 내일 다시 만나자고 했다.

　무왕이 주공 단과 함께 이튿날 노인을 찾아갔으나 노인은 보이지 않았다.

　주공 단이 무왕에게 이렇게 말했다.

　"노인은 훌륭한 사람입니다. 자기네 나라 왕의 잘못을 다른 나라 왕에게 이야기한다는 것은 차마 할 수 없는 일이었을 것입니다. 노인이 약속을 어긴 것은, 은나라 백성의 말에 믿음이 없다는 것을 보여 줌으로써 은나라가 망한 까닭을 비유로써 전하게 이미 말씀드린 것이 아니겠습니까."

❉
시대가 바뀌면 법도 바뀌어야 한다

초나라가 송나라를 습격하기 위해서는 강을 건너야 했다. 군대가 강을 건너갈 수 있는 곳을 낮에 미리 표시를 해 두었다가, 적이 눈치 채지 못하도록 밤에 가만히 강을 건너가기로 했다. 그런데 그 날 상류 지역에 비가 와 강물이 갑자기 불었는데, 초나라는 그것을 모르고 낮에 표시해 두었던 곳으로 밤에 건너가다가 1천여 명이나 빠져 죽었다.

오늘의 왕이 옛 법을 따르는 것은 초나라 군대가 낮에 표시해
두었던 곳으로 밤에 건너가다 불어난 물 때문에 빠져 죽은 것과
같다.

나라를 다스리는 데 법이 없으면 일 처리가 혼란스러워지고, 오
래 된 법을 고치지 않으면 오늘의 현실과 어긋나서 따를 수 없게
된다. 이렇게 되면 나라를 지탱할 수 없게 된다.

세상이 바뀌고 시대가 바뀌었으니 오래 된 옛 법은 바꾸어야 마
땅하다. 이것은 의사가 병을 다스리는 것에 비유할 수 있다. 병의
진행에 따라 약을 바꾸어 써야 하는데 병의 모양이 달라졌는데도
약을 바꾸지 않는다면, 병을 잘 다스릴 수 없을 것이다.

일을 처리하려면 반드시 법에 의해서 해야 하되, 법을 바꿀 때
는 시대적 상황에 맞게 해야 한다.

백성들은 법에 대해 의논하지 못하고, 관리들은 죽으나 사나 법
을 지켜야 한다. 그러니 법을 바꿀 수 있는 이는 어진 임금뿐이다.

예로부터 많은 임금들이 세상을 다스리며 법을 만들었으나 그
법이 서로 같지 않다. 이렇게 법이 서로 다른 것은, 임금들이 서로
다른 일을 하려고 법을 다르게 만든 것이 아니라, 임금들이 살았
던 시대와 지역이 서로 같지 않았기 때문에 그러한 것이다.

옛 말에 "장수가 오나라의 명검 막야를 갖고 싶어하는 것은 막
야가 잘 드는 칼이기 때문이지 막야라는 이름만을 갖고자 하는 것
은 아니며, 장수가 옛 명마 기오를 타고 싶어하는 것은 기오가 하

루에 천 리를 달리기 때문이지 기오라는 이름만을 갖고자 하는 것은 아니다."라는 말이 있다.

공명을 이룬 신하는 그 공명으로써 임금을 도운 것이니 임금에게 그 신하는 천리마인 것이다.

※

칼이 떨어진 곳을 뱃전에 표시하다

초 나라 사람이 배를 타고 강을 건너가다 칼을 강물에 빠뜨렸다. 그는 급히 뱃전에 표시를 해놓고 "여기가 내 칼이 떨어진 곳이다."하고 말했다.

배가 강가에 닿으니, 칼 임자는 표시해 둔 뱃전에서 강물로 뛰어들어 칼을 찾았다. 칼은 떨어진 물 속에 그대로 있고 배는 움직여 왔으니 떨어뜨린 칼을 어찌 찾을 수 있을 것인가.

옛날 법으로 나라를 다스리는 것은 뱃전에 표시하고 떨어뜨린 칼을 찾으려는 것과 같다. 시간은 배처럼 이미 지나갔건만, 법은 강물에 떨어진 칼처럼 그대로 있으며, 변하지 않은 옛 법으로 변해 버린 풍속과 나라를 다스리고자 하니 어찌 잘 다스릴 수 있겠는가.

✷
아비가 헤엄을 잘 치면 아기도 헤엄을 잘 칠까

어떤 사람이 배를 타고 가다 갓난아기를 강물에 던지려고 했다. 왜 갓난아기를 강물에 던지려고 하느냐고 물으니 "이 아이의 아버지가 헤엄을 잘 칩니다. 그러니 이 아이도 헤엄을 잘 칠 것입니다." 하는 것이었다.

아기의 아버지가 헤엄을 잘 친다고 해서 어찌 갓난아기가 헤엄을 잘 칠 수 있단 말인가.

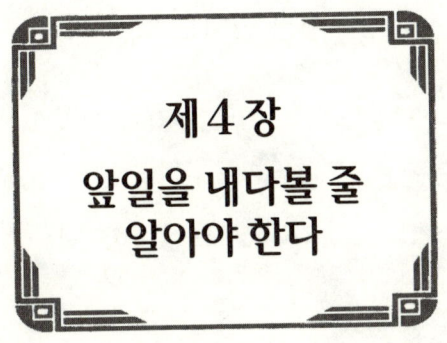

제4장
앞일을 내다볼 줄 알아야 한다

눈앞만 보면 변화가 어디서 오는지 알지 못한다. 지혜로운 사람은 꿰뚫어보는 밝음이 있어 멀리 본다.

1
미리 안다는 것

나라가 망하려면 신하들이 먼저 떠난다

영토는 성이 튼튼하냐 튼튼하지 않느냐에 따르고, 성은 백성이 흩어지느냐 모여 드느냐에 따르고, 백성은 어진 관리가 있느냐 없느냐에 따르고, 어진 관리는 현명한 임금이 있느냐 없느냐에 따른다.

그러므로 현명한 임금은 어진 신하를 얻어야 백성을 얻을 수 있고, 백성을 얻어야 성을 얻을 수 있고, 성을 얻어야 영토를 얻을 수 있고, 영토를 얻어야 나라를 얻을 수 있다.

나라를 얻는다는 것이 어찌 영토를 밟고 백성과 더불어 사는 것만을 말하겠는가. 임금이 덕을 베풀어 백성들이 자연스럽게 모여

든다면 그것이 바로 나라를 얻는 것이다.

법이 지켜지지 않으면

하나라의 태사(우리의 예조판서)가 법률을 관리하는 종고를 불러 법을 기록해 둔 문서를 가져오게 해 그것을 쓰다듬으며 눈물을 흘렸다. 걸왕의 마음이 어둡고 난폭하여 점점 그 도가 심해지므로 태사는 종고를 상나라로 망명시켰다.

상나라 탕왕은 종고의 망명에 크게 기뻐하며

"하나라의 걸왕은 백성을 포학하게 다루고, 백성을 가난하게 만들고, 어진 신하들을 부끄럽게 만들고, 의를 버리고, 간신배들의 간사스러운 말만 믿으므로 백성들의 원망이 높아져, 법을 지키고 관리하는 신하가 우리 상나라로 귀순해 왔다."
하고 말했다.

은나라의 내사(국가 기록을 담당하는 관직, 우리의 승정원) 향지는 주왕이 더욱 난폭해지는 것을 보고, 법전을 수레에 싣고 주나라로 망명했다.

주나라 무왕은 크게 기뻐하며

"은나라 주왕은 대단히 난폭하고, 낮에도 정사는 돌보지 않고 술에 취하여 정신을 차리지 못하고, 기자와 같은 어진 이가 멀리 떠나가지 않을 수 없게 하고, 색을 밝혀 풍속을 어지럽히고, 애첩 달기가 정사를 주물럭거리게 놓아 두고, 상벌에 기준이 없고, 충신 비간의 가슴을 갈라 심장을 쪼개고, 재주있는 선비들의 넓적다리 살을 떼내고, 아이 밴 여자의 배를 갈라 죽이는 등 법이 무너졌으므로 법을 다루는 신하가 법전을 가지고 우리 나라로 망명해 왔다."

하고 말했다.

법이 무너지고 풍속이 난잡해지면

진(晋)나라의 도서는 나라가 어지러워지자 법을 기록한 문서를 가지고 서주로 망명했다.

서주의 위공이 도서에게 물었다.

"그대가 보기에 어느 나라가 먼저 망할 것 같은가?"

"진나라가 먼저 망할 것입니다."

"왜 그렇게 보는가?"

"저는 진나라에서는 바른 말을 하지 못했습니다. 그래서 저는 진나라의 출공에게 해와 달과 별의 운행이 어긋나고 있다고 암시로써 나라의 어지러움을 말씀드렸습니다. 출왕은 '그것이 뭐가 잘못이란 말인가.' 했습니다. 저는 또 '이웃 나라들이 어진 사람을 예우해 주지 않는다고 합니다.' 하고 암시로써 말했더니 '이웃 나라가 그러한 것이 우리와 무슨 상관이 있단 말인가.' 하는 것이었습니다. 출공은 나라가 망하는 까닭을 모르는 임금이니, 진나라가 먼저 망할 것으로 보는 까닭입니다."

그 후 3년이 지나 진나라는 망하고 말았다.

위공이 도서에게 물었다.

"다음에는 어느 나라가 망할 것 같은가?"

"다음은 중산국이 망할 것입니다."

"왜 그렇게 보는가?"

"중산국의 풍속은 낮을 밤으로 삼고 밤을 낮으로 삼아, 남녀가 음란한 짓을 쉬지 않고 하면서 술 마시고 노래 부르기를 즐기니, 이것은 임금이 악과 선을 구별할 줄 모르는 망국적인 풍습입니다. 그래서 저는 중산국이 망할 것이라고 보는 것입니다."

그 후 2년이 지나 중산국은 망하고 말았다.

위공이 도서에게 물었다.

"다음에는 어느 나라가 망할 것 같은가?"

도서가 대답을 하지 않으므로 위공이 다시 물었다.

"왜 말하지 않는가. 다음에는 어느 나라가 망할 것 같은가?"

"다음은 서주 차례입니다."

위공은 등줄기에 식은땀이 흐르고 두려워서 즉시 어진 사람을 널리 구하고 가혹한 법 39건을 폐지했다.

그러고 나서 다시 도서를 만났다.

도서는 위공에게 이렇게 말했다.

"제가 들으니, 나라가 일어나려면 하늘은 어진 사람과 할 말을 다 하는 사람을 보내 주고, 나라가 멸망하려면 아첨 잘 하는 사람과 간신배를 보내 준다고 합니다."

그런 후 위공이 세상을 떠났다.

관을 땅 속에 두고 9개월이 지나도록 장례를 치르지 못한 채, 서주는 갈라져 둘이 되었다.

✳

나라가 망할 다섯 가지 조짐

중산국 왕은 백규를 머물러 있게 하고 싶었으나, 백규는 사양하고 제나라로 떠나갔다.

제나라 왕은 백규에게 벼슬을 주고 머물러 있기를 바랐으나, 백규는 사양하고 물러나왔다.

사람들이 백규에게 왜 두 나라 왕의 바람을 거절했는지 그 까닭을 물었다.

"그 두 나라는 반드시 몰락할 것이다. 내가 그 두 나라에서 배운 것은 다섯 가지의 다함(五盡)이다."

"다섯 가지의 다함은 무엇인가?"

"첫째 임금에게 과단성이 없으면 믿음이 다하고, 둘째 신하들이 명예를 소중히 여기지 않으면 존경심이 다하고, 셋째 백성을 사랑하는 마음이 없으면 충성심이 다하고, 넷째 집에 먹을 것이 없으면 재물이 다하고, 다섯째 임금이 사람을 쓸 줄 모르면 불러올 때 공들인 보람이 다한다. 나라에 이 다섯 가지의 다함이 있으면 반드시 망한다. 그런데 중산국과 제나라는 여기에 해당한다."

만약 중산국 왕과 제나라 왕이 백규에게 이 다섯 가지 다함의 해로움을 듣고 잘못을 고치려 노력했다면 망하지 않았을 것이다. 그런데 그들은 백규의 말을 듣지 않았다. 임금 된 이의 할 일은 남의 말을 잘 듣는 데에 있을 것이다.

중산국이 다섯 번씩이나 땅을 떼어 조나라에 주고, 제나라가 군대를 다 풀어 제수의 강가를 지켰지만 지키지 못한 것은 존립할 수 있는 말을 듣지 않고 멸망할 짓만 골라 했기 때문이다.

2
세상을 보라

나보다 나은 사람과 함께하라

세상에 어진 선비가 많이 있는 것 같지만 한 나라의 입장에서 보면 너무나 적고, 여러 세대에 걸쳐 한 사람의 성인이 나면 고금을 통하여 그의 영향이 이어진다 할 수 있다.

어진 선비와 성인이 오기는 이렇게 어려운 일이다. 그러나 세상을 잘 다스리려면 반드시 어진 선비와 성인의 도움을 얻어야 한다.

다행히 어진 선비가 있다고 해도 숨어 있는 그를 찾기란 쉽지 않다. 아직 찾지 못한 숨어 있는 선비는 없는 것이나 다름이 없다. 잘 다스려진 세상은 짧고 어지러운 세상은 길다. 그래서 이제까지의 중국 역사를 통틀어 왕도로 세상을 다스린 이는 세 분뿐이고, 힘으로 세상을 다스린 이는 다섯 분뿐이다.

주나라에 복종한 나라가 8백 여 나라나 되었지만 지금까지 이어 오는 나라는 하나도 없고, 일찍이 다 멸망하고 말았다.

현명한 임금은 이런 역사를 잘 알기 때문에 하루하루를 조심한다. 이것은 마치 산에 오르는 것과 같다.

산에 오른 사람은 이미 높은 데 자리하고 있다. 산 위에서 사방을 둘러보면 우뚝우뚝 높이 솟은 산들이 그 위에 있다.

어진 이가 어진 이와 더불어 있는 곳도 이와 같다. 어진 이는 세상을 살아가는 삶의 방식 또한 고고하다. 그런데 사방을 둘러보면 다른 어진 이는 자기보다 더 어질고 자기보다 더 현명하다.

주공 단이 이렇게 말했다. "나보다 못한 사람과는 함께하지 않겠다. 나와 비슷한 사람과도 함께 있지 않겠다. 나에게 도움이 되지 않기 때문이다."

어진 사람은 자기보다 더 어진 사람과 함께한다. 어진 사람과 함께할 생각이라면 그를 예로써 대우해야 한다.

어진 사람은 어디서 구하나

현명한 임금이 다스리는 나라에서는 어진 이가 높은 자리에 앉고, 어리석은 임금이 다스리는 나라에서는 어진 이가 낮은 자리에 앉는다.

지금 주나라 왕실은 이미 망했고, 천자는 이미 없어졌다. 천자가 없으면 제후들이 서로 다투어 강한 자가 약한 자를 먹고, 큰 나라가 작은 나라를 짓밟아, 잔인하게 죽이기를 쉬지 않고 하니, 그런 기회를 이용하여 아첨하는 자가 날뛰게 되는데, 지금 세상이 바로 그런 시기에 해당한다.

그러므로 어진 사람을 구하려고 한다면 강이나 바닷가, 깊은 산속, 멀리 떨어진 시골에서나 요행으로 구할 수 있다.

태공망은 낚시질하면서 은나라 폭군 주왕의 어지러운 세상을 보냈다. 그래서 주나라 문왕은 그를 만날 수 있었다.

문왕은 제후였고 주왕은 천자였는데, 천자는 태공망을 잃었고 문왕은 태공망을 얻었으니, 그것은 사람을 볼 줄 알고 사람을 볼 줄 모르는 데 그 원인이 있다 할 것이다.

일반 백성들은 자기를 알아 주지 않더라도 다스림에 따르고, 자기를 예로써 대우해 주지 않아도 명령에 따르지만, 어진 이는 반드시 예로써 대우하고 알아 주어야만 지혜를 빌려 준다.

✳

작은 베풂을 큰 덕으로 승화시키려면

제 나라의 재상 안자가 진(晉)나라에 갔다 오는 길에, 가죽
옷을 뒤집어 꼴을 담아 짊어지고 가다 길가에서 쉬고 있
는 사람을 보았는데, 높은 뜻을 가진 훌륭한 인물임에 틀림없어
보였다. 그래서 그에게 말을 걸었다.

"뉘신데 여기서 이렇게 쉬고 계시오."

"저는 제나라의 죄인으로 이름은 월석보라 합니다."

안자는 급히 그의 죄를 사해 주고 수레에 태워 함께 제나라로
돌아왔다. 집에 도착한 후 안자는 월석보에게는 아무 말도 하지
않고 혼자만 집 안으로 들어갔다. 월석보는 화가 나서 안자에게
절교하겠다고 했다.

안자가 월석보에게 "나는 그대와 사귄 적이 없소. 나는 그대의
죄를 사면해 주었는데, 내가 그대에게 아직도 더 해 주어야 할 일
이 남아 있는가." 하고 말했다.

"옛말에 나를 알아 주지 않는 사람에게는 허리를 구부리고, 나
를 알아 주는 사람에게는 허리를 편다고 했습니다. 그래서 나는
절교를 말한 것입니다."

안자는 월석보의 손을 잡고 "지난 번 길가에서는 그대의 얼굴
을 보았을 뿐이고, 오늘은 그대의 마음을 보았소. 한 사람이 쌓은

137

업적을 평가할 때는 그 사람의 명성만 보아서는 안 되고, 한 사람의 행실을 살펴보기 위해서는 그 사람이 한 말을 나무라지 않는다고 했소. 나의 잘못을 사과드리니 내게서 떠나지 말기 바라오." 하고 간곡히 말했다.

그러자 월석보도 굳었던 얼굴을 풀고 "선생께서 나를 예로써 대우해 주시니 내 어찌 선생을 따르지 않겠습니까." 하고 말했다.

세속적인 사람들은 자기가 베푼 것을 덕이라고 내세우고, 그 덕을 코에 걸고 교만하게 군다. 그럼에도 안자는 월석보를 어려움에서 구해 주는 덕을 베풀었지만 교만하게 굴지 않고, 오히려 월석보에게 사과하고 허리를 굽혔으니 세속적인 생각과는 많이 다르다. 이런 안자의 태도가 베풂을 더 큰 덕으로 승화시킨 것이다.

세상이 바뀌는 흐름을 보라

열자는 아무리 가난할 때도 얼굴에 궁기를 띠지 않았다. 어떤 사람이 정나라 왕 자양에게

"열자는 어진 사람인데도 정나라에서 몹시 가난하게 살고 있습니다. 정나라는 어진 사람을 대우해 주지 않는 나라입니까?"
하고 따져 물었다.

이 말을 들은 자양은 곧 곡식 수십 가마를 열자에게 보냈다. 그런데 열자는 그 곡식을 받지 않았다.

열자의 아내가 "제가 듣기에 왕을 도와 주고 있는 사람들의 처자는 모두 편안하게 잘 산다고 합니다. 그러나 저와 우리 아이들은 굶주리고 있습니다. 나라에서 사과하는 뜻으로 곡식을 보낸 모양인데 그것을 왜 받지 않습니까. 왕이 우리를 살려 두겠습니까?" 하면서 울었다.

"왕은 나를 알지 못하오. 남의 말을 듣고 나에게 곡식을 보냈을 것이오. 나에게 죄를 줄 일이 생기면 또 남의 말을 듣고 죄를 줄 것이니, 그것이 내가 곡식을 받지 않는 까닭이오."

열자가 이렇게 곡식을 받지 않는 까닭을 말했다.

얼마 후 백성들이 난을 일으켜 포학한 왕 자양을 죽였다.

열자가 자양이 준 곡식을 받았다면, 자양이 죽을 때 함께 죽었어야 했을 것이다. 만약 함께 죽지 않는다면 그것은 의가 아니다. 또 자양과 함께 죽는다면 그것은 포학한 왕과 한 편이기 때문에 죽은 것이니 간신이 된다.

열자는 자양이 주는 곡식을 받지 않음으로써 불의에서 벗어났다. 열자는 멀리 보기 때문에, 눈앞의 굶주림과 헐벗음을 참으면서 세상이 바뀌고 있는 흐름을 본 것이다.

3
• • • • •
직접 보면 알 수 있다

❋
멀리 보는 사람과 앞만 보는 사람

사람은 눈으로써 본다. 눈을 감으면 보지 못한다. 그러므로 눈을 뜨는 것과 감는 것은 아주 다르다.

눈을 감은 사람은 상대방을 보지 못한다. 눈으로 상대방을 접촉하지 않았기 때문에 보지 못한 것이다. 눈으로 상대방을 접촉하지 않았으면서 보았다고 말하는 것은 거짓말이다.

지혜 또한 그러하다. 지혜로운 사람은 꿰뚫어보는 밝음이 있으므로 멀리까지 보고, 어리석은 사람은 보는 눈이 어두워서 재앙이 닥쳐오는 것도 알지 못하므로 겨우 눈앞이나 볼 수 있는 것이다.

눈앞만 보면 변화가 어디서부터 오는지를 알지 못한다. 변화가

140

어디서부터 오는지를 알지 못하는 사람은 아무리 말을 교묘하게 잘 한다 하더라도 남을 깨우쳐 주지 못한다.

눈 뜨고도 보지 못하는 것

관중이 병들어 누워 있을 때 환공이 문병을 가서 "그대의 병이 깊으니, 이제 나를 어떻게 가르쳐 주시려는가." 하고 손을 잡으며 안타까워했다.

"제나라에는 '머물러 있는 자를 수레에 태우지 말고, 떠나는 자를 붙잡지 말라.' 는 속담이 있습니다. 이제 신은 세상을 떠날 것입니다. 세상을 떠나게 될 신에게 어찌 물을 것이 있겠습니까."

관중이 겸양하며 말을 아끼자 환공이 진심어린 목소리로 간청했다.

"그대는 겸양하지 말고 나에게 좋은 가르침을 주시오."

"그렇다면 말씀드리겠습니다. 전하를 가까이서 모시고 있는 신하 가운데 역아, 수조, 상지무, 위나라 공자 계방을 멀리 하십시오."

"역아는 자기의 아들을 삶아 죽이면서까지 나에게 충성을 맹세한 사람이오. 그런데도 그를 의심해야 한단 말이오?"

"사람의 정은 자식을 사랑하지 않을 수 없습니다. 자식에 대한 사랑을 강물이라 하고, 임금을 섬기는 마음을 둑이라 한다면 어찌 넘치는 강물을 둑이 견디어 내겠습니까."

"수조는 나의 수족이 되기 위해 스스로 거세하고 내시가 되어 나를 가까이에서 도와 주고 있소. 그런데도 그를 의심해야 한단 말이오?"

"사람의 마음은 자기 몸을 사랑하지 않을 수 없습니다. 몸에 대한 사랑이 강물처럼 넘쳐나는데 임금을 섬기는 마음의 둑으로 견디어 내겠습니까."

"상지무는 죽고 사는 이치에 밝아, 귀신 씌워 일어난 병을 고쳐 주는데, 그를 의심해야 하는가?"

"죽고 사는 것은 하늘의 뜻입니다. 귀신 씌워 일어난 병은 정신을 똑바로 차리지 못하고 정신을 잃으면 찾아오는 병입니다. 전하께서는 하늘의 뜻에 맡기어 근본을 지키려 하지 않으시고, 어찌해서 상지무를 믿으십니까. 상지무는 점점 방자해져서 하지 못할 일이 없을 것입니다."

"계방은 자기 나라인 위나라를 버리고 망명해 와 나를 섬긴 지 15년이오. 그는 아비가 죽었을 때도 가지 않고 내 곁을 지켰는데, 나는 그를 의심해야 한단 말이오?"

"사람의 정은 자기의 아비를 사랑하지 않을 수 없습니다. 그의 아비 사랑하는 마음이 강물처럼 넘쳐나는데 임금을 섬기는 마음의 둑으로 견디어 내겠습니까."

얼마 후 관중이 죽고, 환공은 관중이 경계한 네 사람을 모두 내
쫓았다. 그러고 나니 음식의 맛이 없어지고, 귀신 씌운 병이 생기
고, 조정의 일을 돌보고 싶은 생각이 없어졌다.

그렇게 3년이 지난 후 환공은 '관중도 잘못 생각한 일이 있구
나.' 생각하고 그들을 모두 다시 불러들였다. 이듬해 환공은 병이
들었다.

상지무는 '환공은 몇월 몇일에 세상을 뜰 것이다.' 하는 소문을
퍼뜨렸다. 환공이 곧 죽는다는 소문이 파다해지자 상지무는 역아,
수조와 함께 난을 일으켜 궁궐의 문을 닫고, 환공의 명령을 빙자
하여 사람들의 출입을 막았다.

사태를 이상하게 여긴 종친의 한 부인이 몰래 숨어 들어가 환공
을 만났다.

환공이 종친의 부인에게 과일을 먹고 싶다고 했다.

"나는 지금 과일을 먹고 싶다."

"과일을 지금 구할 수가 없습니다."

"나는 지금 꿀물을 마시고 싶다."

"지금 꿀물을 구할 수가 없습니다."

"왜 구할 수 없단 말인가."

"상지무가 '전하께서 몇월 몇일에 죽는다'고 소문을 퍼뜨리고,
역아와 수조와 함께 난을 일으켜 성문을 닫고 사람의 통행을 막
고 있습니다. 그래서 먹을 것 마실 것을 구할 수 없습니다."

환공은 비로소 사태를 알 수 있었다.

이 때 계방이 1천 호의 영지를 가지고 위(衛)나라로 되돌아간 사건이 터졌다.

환공은 비로소 눈물을 흘리면서

"아아, 관중은 앞날을 멀리도 내다보았구나. 내가 죽어 무슨 면목으로 그를 만날 것인가."

탄식하고, 옷소매로 얼굴을 가리고 숨을 거두었다.

환공의 시체에서 벌레가 기어나와 문 밖까지 나가니, 병풍으로 막으면서 석 달 동안 장례를 치르지 못했다. 다 관중의 말을 듣지 않았기 때문에 일어난 일이다.

환공이 난을 가벼이 여기거나 관중을 미워해서 그의 말을 따르지 않은 것이 아니다. 다만 자기에게 충성을 맹세한 신하들의 본 마음을 볼 수 없었을 뿐이다.

눈을 뜨고 있으면서도 보지 못하는 것은 눈을 감고 있는 것과 같은 것이다.

4
● ● ● ● ●
잘못이 있으면 바로 뉘우쳐라

✿

지혜가 미치지 못하면

구 멍의 깊이가 다섯 자가 넘는다면 사람의 팔로는 그 구멍
의 바닥을 더듬을 수 없다. 왜냐 하면 팔이 짧아서 바닥에
닿지 않기 때문이다.

사람의 지혜도 미치지 못하는 것이 있다. 지혜가 미치지 못하면
말을 아무리 상세하게 한다고 하더라도 그 지혜를 볼 수 없다.

은나라 주왕의 숙부인 기자는, 충성으로 간하는 말을 주왕이 듣
지 않으므로, 거짓으로 미친 체하고 다니면서 남의 종이 되었다.
월나라 왕 구천을 도와 오나라를 멸망시킨 범려는, 월나라 구천이
어려운 일은 함께할 만한 인물이지만 안락을 함께 누릴 인물이 아

145

님을 알고, 조각배를 타고 어디론가 떠나가 버렸다.

❉
이길 수 없는 싸움에 군사를 일으키면

진(秦)나라의 목공이 군사를 일으켜 서쪽으로 멀리 있는 정나라를 치려고 하자 건숙이 반대했다.

"남의 나라 도읍을 빼앗으려면 수레로는 백 리를 넘지 않아야 하고 걸어서는 30리를 넘지 않아야 합니다. 그래야 신속히 쳐들어가 사기가 높았을 때 적을 깨뜨릴 수 있고, 물러날 때도 신속히 빠져 나올 수 있습니다. 그런데 정나라는 수천 리 밖에 있고, 다른 제후들의 영지를 지나가야 합니다. 저로서는 그것이 가능한 일인지 알 수가 없습니다."

그러나 목공은 듣지 않고 정나라 정벌을 강행했다.

건숙은 출정하는 군대를 성문 밖에서 전송하며

"진나라의 용맹한 군대여, 앞으로 나아가는 것은 이렇게 보았는데 돌아오는 모습은 보지 못하겠구나."

하면서 통곡하고, 싸움터에 나가는 두 아들에게 이렇게 말했다.

"너희들이 적과 싸우다 죽게 되거든 남쪽 언덕에서 죽지 말고, 반드시 북쪽 언덕에서 죽도록 해라. 내가 너희의 시체를 거두기 쉽도록 말이다."

목공은 건숙이 군대를 전송하면서 통곡했다는 말을 듣고

"내가 군사를 일으켜 아직 이기고 진 결과가 난 것도 아닌데 그대는 통곡하면서 전송했다고 하니, 그것은 우리의 패전을 내다보고 통곡한 것이 아닌가."

하고 책망했다.

"신이 어찌 우리의 패전을 내다보고 통곡했습니까. 신은 늙었고, 신의 두 아들이 이번에 종군했습니다. 아들들이 돌아올 때쯤이면, 아들들이 죽지 않으면 제가 죽게 될 것이니, 우리 부자에게는 영이별이 아니겠습니까. 그래서 통곡한 것입니다."

건숙은 이렇게 변명했다.

진나라 군대는 정나라를 향해 가는 길에 주나라를 통과하고 있었다.

주나라의 왕손만이 성문을 닫고 문틈으로 진나라 군대의 행군 모습을 보고 이렇게 말했다.

"진나라 군대는 무언가 허술하다. 진나라는 우리 주나라의 제후국으로 천자의 도성을 통과할 때는 갑옷을 싸고 무기를 묶고 수레에서 내려 천자에게 경의를 보이는 예를 행해야 할 것이다. 그런데 저들의 행동을 보라. 군복 입은 채로 수레에 타고 대수롭지 않은 듯이 행군하고 있다. 병력은 많으나 신병이 대부분인 걸로 보아 틀림없이 훈련이 안 된 군대일 것이다."

　진나라 군대는 주나라의 땅을 지나 정나라의 땅으로 접어들었다.
정나라의 장사꾼인 현고와 해시가 주나라로 물건을 팔러 가다
가 진나라 군대를 만났다.
　현고가 '진나라가 먼 데서 오는구나. 틀림없이 우리 정나라를 치
려고 오는 것이다.' 하고는 해시에게 급히 되돌아가서 보고하게
하고, 자신은 정나라 왕의 명을 받아 온 사신이라고 거짓으로 꾸
미고는 진나라 군대를 위로했다.
　"우리 나라 임금은 진나라 군대가 올 것이라는 말을 들은 지 오
래입니다. 그런데 아직 오지 않아 걱정하고 있었습니다. 우리가 걱
정하는 것은 오랜 행군으로 귀국의 군사들이 피로하고 군량미가
떨어지지 않을까 하는 점입니다. 그래서 우리 임금께서 저에게 명
하여 소 열 두 마리를 잡아 군사를 위로하라 하셨습니다."
　진나라의 장수가 거짓말로 "우리는 진(晉) 나라로 가는 길인데,
길을 잃고 이 곳으로 오게 된 것이오. 주시는 것은 고맙게 받겠
소." 말하고는 두 번 절하고 소 열 두 마리 값을 받았다.
　진나라 군대는 즉시 지휘관 회의를 열어
　"우리는 수천 리를 행군해 오느라 지쳐 있다. 그런데다 정나라
는 이미 우리가 올 것을 알고 대비하고 있다 하니 싸워 봤자 이길
수 없을 것이 뻔하다. 우리는 여기서 회군하는 것이 좋겠다."

이렇게 결론을 내리고는 되돌아갔다.

그 때 마침 진(晉)나라에서는 문공이 세상을 떠나 아직 장례를 치르기 전이었다.

선진이 문공의 뒤를 이은 양공에게 회군하는 진(秦)나라의 군대를 쳐야 한다고 주장했다.

양공은 진나라를 치는 데 지금이 유리하다는 것을 알지만, 부왕께서 세상을 떠 시신이 아직 궁 안에 있는데, 사람의 자식으로서 어찌 아버지의 시신을 수습하기 전에 싸움부터 벌일 수 있겠는가 하고 주저했다.

"진나라는 우리가 상을 당했는데도 문상하러 오지 않았고 우리 왕실의 슬픔을 위로하지 않았습니다. 이는 우리를 깔보는 태도입니다. 저들을 그대로 둔다면 앞으로도 계속해서 우리를 얕잡아 볼 것입니다. 그러니 지금 저들을 쳐야 합니다. 저들을 치도록 허락해 주십시오."

양공은 마지못해 선진에게 진나라 군대를 칠 것을 허락했다. 선진은 먼 길을 갔다 오느라 지쳐 빠진 진나라 군대를 무찔러 궤멸시키고 장수들을 사로잡아 돌아왔다.

진(秦)나라의 목공은 패전 소식을 듣고, 소복을 하고 종묘에 나가 많은 사람들 앞에서

"건숙의 말을 내가 듣지 않아 이 지경에 이르렀다."

하고 탄식했다.

목공이 이 싸움에서 진 것은 지려고 해서 진 것이 아니라, 그의 지혜가 모자라서 진 것이다. 지혜가 모자라면 남의 말을 듣지 않게 되고, 남의 말을 듣지 않았으므로 군대가 돌아오지 못한 원인이 된 것이다. 지혜가 모자란 데서 오는 해로움은 이렇게 막대한 것이다.

5
● ● ● ● ●
목표가 이루어지면 함께 즐긴다

�֍

시작은 백성과 함께할 수 없지만 결과는 함께 나눈다

큰 지혜는 형체가 보이지 않고, 큰 그릇을 만드는 데는 시간
이 오래 걸리고, 큰 소리는 잘 들리지 않는다.

우왕이 강물의 물길을 트는 수리 사업을 벌일 때, 백성들은 자
갈을 모아다가 둑을 만드느라 고생이 극심했으나, 일이 다 이루어
지고 나니 그 이득이 백성들에게 크게 돌아갔다. 우왕이 본 것은
깊고 먼 것이었으나 백성들은 그 깊고 먼 뜻을 이해하지 못했다.

어떤 사업이든 일으킬 때는 백성과 함께 도모할 수 없지만, 일
이 이루어진 뒤에 비로소 백성들과 함께 즐길 수 있는 것이다.

옳다고 생각하면 여론을 따르지 않는다

공자가 천하를 떠돌다가 마침내 노나라에서 작은 벼슬을 얻었다.

노나라 사람 예가 값싼 옷을 입은 공자를 업신여겨 이렇게 풍자했다.

"누더기 옷을 입고 그 위에 다 헤진 두루마기를 걸쳤으니 버려도 죄가 없고, 다 헤진 두루마기를 걸치고 누더기 옷을 입었으니 버려도 나무랄 이 아무도 없다."

그러나 공자가 나라 일을 본 지 3년이 지나자, 남자는 길의 오른쪽으로 걸어다니고, 여자는 왼쪽으로 걸어다니며, 물건이 땅에 떨어져 있어도 주워 가는 사람이 없었다.

자산이 정나라의 재상이 되었다. 자산은 농토의 경계를 정하여 도랑을 깊게 파고, 각각의 신분에 따라 입을 옷을 정했다.

백성들이 자산을 비꼬아 이렇게 풍자했다.

"뼈빠지게 농사지으면 자산이 세금으로 다 가져가고, 입고 싶은 옷도 자산이 나서서 못 입게 하네. 누가 자산을 죽이겠는가. 나는 그 사람을 도와 주리라."

자산이 나라 일을 맡아 한 지 3년이 지난 후 백성들은 이렇게 풍
자했다.

"내가 가진 이 농토는 자산이 늘려 준 농토이고, 무지렁이 우리
자식들 자산이 교육시켜 눈 뜨게 해 주었네. 자산이 죽는다면 누가
그 뒤를 이을 것인가."

정나라의 간공과 노나라의 애공이 백성들의 헐뜯는 소리에 넘
어가 자산과 공자를 물러나게 했다면 나라가 번성하지 못했을 것
이고, 자산과 공자도 무능한 사람이 되고 말았을 것이다. 간공과
애공이 자산과 공자에게 정책 실패의 죄를 물어 벌을 내렸다고 해
도 백성들은 그것을 옳다고 했을 것이다.

지금 우리는 간공과 애공을 현명한 임금이라고 일컫고, 자산과
공자는 유능한 관리였다고 칭찬한다.

백성들이 비방하는 소리를 듣고도, 백성들의 비방이 부당하다
는 것을 알아야 그 여론을 누를 수 있고, 그렇게 해서 좋은 성과를
거두는 것은 임금이 현명해야 할 수 있는 일이다.

❉
누구의 공인가

위(魏) 나라의 총사령관 악양은 중산국을 정벌하고 돌아와 문후에게 전과를 보고하는데 자기의 공로를 내세우는 기색이 역력했다.

문후는 각 부서에서 올린 두 상자나 되는 상소문을 악양에게 보여 주었다.

악양이 상소문을 읽어 보니, 모두 중산국 정벌을 반대하는 내용이었다.

악양은 문후에게 두 번 절하고 "중산국을 얻은 것은 신의 공이 아니옵고 전하의 공덕이십니다." 했다.

악양이 중산국 정벌에 앞장서자 신하들은 일제히 중산국 정벌을 위험한 모험으로 보고 문후에게 반대하는 글을 올렸던 것이다. 다행히 정벌에 성공했기 망정이지 만약 실패했다면 악양을 벌하라는 상소가 산을 이뤘을 것이다.

문후가 만약 평범한 임금이었다면 신하들의 상소를 듣지 않을 수 없었을 것이고, 그래서 정벌을 중단했다면 악양은 공을 세우지 못했을 것이다. 신하들의 반대도 불구하고 악양을 밀어 준 문후야말로 중산국 정벌의 주체였던 것이다.

현명한 임금은

위(魏)나라의 양왕이 여러 신하들과 술을 마셨는데 기분이 매우 좋았다. 왕은 신하들을 위해 축배를 들고, 신하들에게 각자의 희망을 말하라고 했다.

사기가 자리에서 일어나 말했다.

"여러 신하 중에는 현명한 사람도 있고 어리석은 사람도 있습니다. 현명한 사람이 바라는 뜻은 옳은 것이지만 어리석은 사람이 바라는 뜻은 옳지 않습니다."

"모든 신하가 옛날에 장수의 물을 끌어다 업 지방의 농지에 물을 댄 서문표와 같은 신하가 되어 주기 바라오."

"우리 나라의 농지법에는 가구당 농지 소유 한도가 3천 평입니다. 그런데 오직 업 지방만 6천 평으로 되어 있습니다. 업 지방은 땅이 척박해서 그렇게 한 것입니다. 장수가 바로 곁에 있는데도 옛날에 서문표가 물을 댔던 그 방법을 알지 못해 척박한 땅에서 농사를 짓고 있습니다. 이는 농사꾼들이 어리석은 탓입니다. 그러나 그 방법을 알고 있는 신하들이 알려 주지 않는 것은 충성되지 않아서입니다. 어리석은 것과 충성되지 못한 것은 본받을 것이 못됩니다."

이 말에 대해 양왕은 대답하지 않았다.

이튿날 양왕이 사기를 불러 물었다.

"오늘날에도 업 지방의 땅에 장수의 물을 끌어다 댈 수 있다는 말인가."

"네, 그렇게 할 수 있습니다."

"그렇다면 그 일을 알고 있는 그대는 어찌하여 나에게 그렇게 하자고 말하지 않았는가."

"전하께서 그 일을 완성하지 못할까 두려워 말씀드리지 않은 것입니다."

"그대가 그 일을 한다면, 나는 무엇이든 그대의 말에 따르리라."

"제가 그 일을 시작하면, 업 지방의 백성들은 저를 원망할 것입니다. 저를 죽이라고 상소를 올릴 것이고, 그리고 저를 욕되게 할 것입니다. 제가 죽는 모욕을 당하더라도 전하께서는 여론에 밀려 중단하지 마시고, 제 후임자를 임명하여 일을 완성시켜 주십시오."

"그대의 말대로 하리라."

양왕은 즉시 사기를 업 지방의 책임자로 임명했다.

사기는 부임하자마자 곧바로 장수의 물을 끌어다 농지에 대는 토목 공사를 일으켰다. 업 지방의 백성들은 과도한 부역에 견디지 못하고 원성이 높아지면서 사기를 욕하더니 마침내 사기를 죽이고 말았다.

양왕은 사기의 후임자를 시켜 사기가 벌여 놓은 수리 사업을 완성케 했다. 드디어 장수의 물을 농지에 댈 수 있게 되니 백성들은 많은 수확을 얻게 되었다.

업 지방의 백성들이 "업에 거룩한 사또가 있었으니, 그 이름은 사기라네. 장수의 물을 끌어 논밭에 대니, 소금기 많은 척박한 땅이 기름진 땅 되어, 벼와 기장이 잘 자라 풍년이라네." 노래하며 칭송했다.

백성들에게 옳고 옳지 않은 것을 알게 하면, 현명하고 능력 있는 사람을 굳이 골라 임용할 필요가 없다. 현명한 임금과 충성스런 신하가 어리석은 백성을 지도하지 못하고 하류 계층을 가르치지 못하면 공명을 후세에 전하지 못한다.

위나라 양왕은 좋은 정책을 과감히 시행했다고 말할 수 있고, 정책을 시행하는 과정에서 많은 사람들의 반대에 부딪혔으나 끝까지 밀고 나갔을 뿐 정책을 바꾸지 않았다.

일을 이루기 어려운 것은, 많은 사람들의 많은 말 때문이다. 평범한 임금은 많은 사람들의 반대에 부딪히면 아무리 좋은 일이라도 중단하고 마는데, 현명한 임금은 그것이 좋은 일이라는 확신이 서면, 아무리 많은 사람들이 많은 말을 해도, 그 시끄러운 소리들 속에서 훌륭한 업적을 이룬다.

6

잘 살펴보면 조짐이 보인다

작은 것을 살펴 알면 큰 것을 잃지 않는다

질서가 잘 서 있는 사회와 어지러운 사회, 번성하는 것과 멸망하는 것이 높은 산과 깊은 계곡처럼 구분이 뚜렷하다면 분별하기가 쉽다.

그러나 질서가 잘 서 있는지 질서가 흐트러져 가고 있는지, 번성하고 있는지 멸망해 가고 있는지, 하는 것들은 분별하기가 쉽지 않아서 알 수 있을 것 같기도 하고 알 수 없을 것 같기도 하며, 볼 수 있을 것 같기도 하고 볼 수 없을 것 같기도 한 경우가 많다.

지혜로운 사람과 현명한 사람은 서로 어진 마음을 쌓고, 선정을 위한 생각을 모아 나라를 잘 다스릴 것을 생각한다.

질서가 잘 서 있는 나라에서 어지러운 나라로 되는 계기와, 번성하다가 쇠퇴해지는 계기는 처음에는 터럭만큼 작은 데서 시작된다. 이 터럭만큼 작은 조짐을 잘 살피면 큰 것을 잃지 않을 수 있다.

잘한 일과 잘못한 일

노나라에서는 다른 나라에 잡혀 가 노예가 되거나 첩이 된 사람의 몸값을 대신 물어 주고 그들을 노나라로 데려온 사람에게는, 나라에서 그가 치른 몸값을 갚아 주었다.

공자의 제자 자공이 노예가 된 사람의 몸값을 치러 주고 데려왔는데, 나라에서 몸값을 주었으나 받지 않았다.

공자가 그 말을 듣고는 "자공은 잘못 생각했다. 나라에서 갚아 주는 돈을 받았다고 해서 자공의 덕행이 손상을 입는 것이 아니다. 앞으로 노나라는 몸값을 갚아 주어도 사람들이 받지 않을 것으로 믿고 몸값을 주지 않을 것이다. 그리 되면 누가 노나라 사람을 구해 오려 하겠는가." 하고 말했다.

자로가 물에 빠진 사람을 건져 목숨을 구해 주었다. 그 사람이 소를 끌고 와 사례했는데 자로가 그 소를 받았다.

공자가 이 말을 듣고 "자로가 참 잘 했다. 노나라 사람들은 누구나 물에 빠진 사람을 보면 구해 주려고 할 것이다. 사람을 구해 주면 소가 한 마리 생긴다고 믿고 너도 나도 사람을 구하려고 할 것이다. 이제 노나라에는 물에 빠져 죽는 사람이 없어지겠구나." 하고 말했다.

공자는 작은 일을 보고 그 일이 미래에 미칠 영향을 깊이 관찰했던 것이다.

✳ 국가를 위태롭게 하는 세 가지 조짐

초 나라와 오나라가 국경을 이루고 있는 변두리에 비량이라는 초나라 소속의 고을이 있었다. 이 고을에 사는 처녀가 이웃 마을에 사는 오나라 처녀와 함께 뽕잎을 따면서 장난을 하다가 상처를 입었다.

비량 고을 사람들이 상처 입은 처녀를 데리고 오나라 처녀가 사는 마을에 가서 항의를 했다.

오나라 마을의 사람들은 장난하다 입은 상처를 가지고 별스럽게 군다고 대수롭지 않게 여기고 사과를 하지 않았다. 이에 화가 난 비량 고을 사람들은 오나라 처녀의 아버지를 죽이고 돌아갔다.

일이 이렇게 되자 오나라 마을 사람들이 비량으로 몰려가 한 가

160

족을 다 죽이고 돌아갔다.

비량 고을 사또가 이 사실을 알고는 군대를 보내 오나라 마을을 짓밟고 늙은이 어린이 가리지 않고 다 죽이고 돌아왔다.

오나라 왕 이매가 이 사실을 보고받고는 크게 노하여 군대를 보내 비량 고을을 쑥대밭으로 만들었다.

이렇게 해서 초나라와 오나라는 큰 싸움이 벌어지게 되었다. 오나라의 왕자 광이 대군을 몰고 가 초나라의 도읍까지 진격하여 왕비를 붙잡아 데리고 돌아갔다.

나라를 지키는 데 가장 중요한 것은 일이 벌어지는 사태의 처음을 아는 것이요, 그 다음이 사태의 결과를 아는 것이며, 그 다음이 사태의 진행 과정을 아는 것이다. 이 세 가지를 모두 알지 못한다면 나라는 위태로워지게 된다.

'효경(孝經)'에 '높은 자리에 있으면서도 위태롭지 않으면 귀한 신분을 오래 지킬 수 있고, 재산이 가득 찼는데도 넘치지 않으면 오래 지킬 수 있다.'고 씌어 있다.

귀하고 부유함을 오래 지킨 다음에 국가를 지키고, 백성이 편안하고 상하가 화합하는 것이니, 초나라는 그것을 제대로 하지 못했다고 할 것이다.

❋
양고기 한 점 때문에

정 나라가 송나라로 쳐들어가자 송나라는 화원에게 군사를 주어 정나라를 막게 했다.

화원은 전투를 앞두고 병사들의 사기를 올려 주기 위해 양을 잡아 먹였다. 그런데 화원의 수레를 모는 양침이 고기를 먹지 못했다.

이튿날 전투가 벌어졌을 때 양침은 어제 고기를 못 먹은 것이 화가 나서

"어제 고기를 나누어 준 것은 당신이 마음대로 할 수 있었지만, 오늘 수레를 모는 것은 내 마음대로 할 수 있다."

하고는, 수레를 빠르게 몰고 정나라 진지로 들어갔다. 화원은 정나라 군사에게 붙잡히고 말았다.

병사들에게 양고기를 먹이면서 수레를 모는 사람을 잊고 있었으니, 이 때문에 전투에서 지고 자신은 포로 신세가 되고 만 것이다.

162

닭싸움 때문에

노나라의 계씨 집안과 후씨 집안이 닭싸움을 했다. 후씨네는 닭의 머리에 투구를 씌우고, 계씨네는 닭의 발에 쇠발톱을 신겼는데, 계씨네 닭이 졌다.

화가 난 계평자가 집을 증축하면서 후씨네 집터를 침범해 지었다. 집터 때문에 화가 난 후소백이 소공에게 계씨를 모함했다.

"임금의 사당에 제사를 지낼 때는 법도가 있습니다. 천자의 제사에는 64명이 춤을 추고, 제후의 제사에는 48명이 춤을 추고, 대부의 제사에는 32명이 춤을 추게 되어 있습니다. 선왕이신 양공의 사당에 제사를 드릴 때는 48명이 춤을 추어야 하는데 계평자가 28명만 추게 해 격을 낮추었습니다. 계평자의 불충이 이와 같습니다. 그를 벌하지 않으면 사직이 위태롭게 됩니다."

이 말을 들은 소공은 자세히 알아보지도 않고 후소백에게 군사를 주어 계평자를 잡아 오게 했다.

계씨와 친하게 지내는 중손씨와 숙손씨가 "계씨가 망하면 우리도 죽게 된다."고 모의하고 계평자를 구원하기 위해 군사를 거느리고 계평자의 집으로 갔다.

세 가문이 하나가 되어 후소백에 대항하니 후소백은 이 싸움에서 죽고 말았다.

사태가 이렇게 뒤집히자 소공은 제나라로 도망갔다.

소공은 중상모략하는 말만 믿고 그 진의를 헤아리지 않은 채 경솔한 판단을 내렸다가 나라까지 잃은 결과를 가져오고 말았다. 특히 계씨와 연합한 중손씨, 숙손씨의 세력을 헤아리지 않은 것은, 얽히고 설킨 세력 판도를 이용할 줄 알아야 하는 지도자로서의 자질을 갖추지 못했다 할 것이다.

7
· · · · ·
편견을 버려라

※
남의 말을 듣는 목적

동 쪽 나라에 사는 사자라는 사람이 서쪽에 있는 진(秦) 나라
에 가서 혜왕을 만나고자 했다. 혜왕이 당고과에게 사자
가 어떤 사람인지 물었다.

당고과는 혜왕이 사자와 친해지면 자기가 밀려날까 두려워

"사자는 동쪽 나라의 웅변가인데 사람이 음험해서 젊으신 전하
를 말로써 현혹시킬까 염려됩니다."
하고 모함했다.

이 말을 들은 왕은 사자에 대해 좋지 않은 선입견을 가지고 그
를 만났다. 그러니 사자가 하는 말이 모두 옳지 않게 들리는 것이

었다. 사자는 크게 실망하고 진나라를 떠났다.

남의 말을 듣는 목적은 그 말에서 유익함을 구하는 데 있다. 말 속에 유익함이 있다면, 말하는 사람이 말로써 환심을 사려 한다고 해서 무슨 손해 볼 것이 있겠는가. 임금은 다만 말하는 이의 말 속에 유익함이 있는가 없는가만 따지면 되는 것이다.

말하는 사람 또한 진심으로 임금을 위해 좋은 말을 드리는 것이 중요하지, 임금의 환심을 사기 위한 목적으로 감언이설을 늘어놓는다면 그것은 잘못된 일이다.

그런데 혜왕은 남의 말을 듣고자 하는 목적을 잃었다. 혜왕의 이런 태도는 간신들의 날뜀을 방치하는 결과를 가져와서, 진실된 충신을 모함하게 되고 그 결과 진실된 충신을 떠나게 해서 나라가 어지러워지는 빌미를 만들고 말았다.

임금이 소인배의 말을 들으면

초나라의 위왕이 심윤화에게 글을 배웠는데 소리가 심윤화를 질투했다.

위왕은 술수를 좋아했다. 술수를 잘하는 중사가 소리를 위해서 심윤화를 헐뜯어 말했다.

"사람들이 전하를 가리켜 심윤화의 제자라고 말합니다."

이 말을 들은 위왕은 불쾌한 생각이 들어 심윤화를 멀리 하기 시작했다.

중사는 천박한 사람이었다. 중사는 학문하는 선비를 왕에게 가까이 하지 못하도록 했으며, 소인배인 소리 같은 사람을 도와 간사스러운 계교를 펼칠 수 있게 해 주었다. 이렇게 간신들의 길이 열리니 악을 막고 물리치는 일이 어려워질 수밖에 없지 않겠는가.

�֍

죽은 오동나무 한 그루 때문에

노인의 이웃집에는 죽은 오동나무 한 그루가 서 있었다. 노인이 "집 안에 죽은 나무가 있는 것은 좋지 않다."고 하니, 이웃집 사람은 노인의 말을 듣고 오동나무를 베어 버렸다. 노인이 베어 낸 오동나무를 땔감으로 쓰겠다며 달라고 했다.

이웃집 사람은 기분이 나빴다. '이웃에 살면서 저렇게 음험하다니. 자기가 땔감으로 쓰려고 오동나무를 베라고 나를 꼬드긴 거야. 저런 사람과 어떻게 이웃에서 살 수 있단 말인가.' 이렇게 생각했다.

이 사람은 속이 꽉 막힌 사람이다. 어차피 땔감으로밖에 쓸 수 없

167

는 나무라면, 누가 땔감으로 쓴들 그것이 중요한 일이 아니다. 죽은 오동나무 한 그루 때문에 대대로 이웃하며 살아 온 사람을 미워하게 되다니. 대대로 이웃하며 살아 온 정리보다 죽은 오동나무 한 그루가 더 중요하단 말인가.

❋
사람은 안 보이고 금만 보였기 때문에

제 나라에 금을 몹시 갖고 싶어하는 사람이 있었다. 그가 한낮에 보석상에 가서, 많은 사람들이 금을 구경하고 있는 가운데 금을 낚아채 빼앗았다.

포졸이 그를 붙잡아 묶었다.

"이 밝은 대낮에 사람들이 많이 있는 데서 남의 금을 낚아채 빼앗다니, 도대체 왜 그랬는가."

"사람은 보이지 않고 금만 보였습니다."

이 사람은 참으로 꽉 막혀 답답한 사람이다. 사람이 꽉 막혀 답답하면 낮을 밤으로 알고, 흰 것을 검은 것으로 알고, 성군인 요임금을 폭군인 걸왕으로 아니 그 해가 막심하다.

꽉 막힌 것, 답답한 것을 버려야만 비로소 참다운 세계가 눈에 보이게 된다.

8

무엇이 진실인가를 알아야 한다

선비는 어떤 사람인가

윤문이 제나라 민왕을 만났다. 민왕이 윤문에게 "나는 선비를 좋아하오." 하고 말하니, 윤문이 "어떤 사람을 선비라 생각하십니까?" 하고 물었다. 이 물음에 민왕은 대답하지 못했다.

윤문이 다시 물었다.

"지금 여기 한 사람이 있다고 합시다. 어버이를 섬김에는 효도로써 하고 임금을 섬김에는 충성으로써 하고, 벗을 사귐에는 신의로써 하고, 어른을 대함에는 공손함으로써 하는 이 네 가지 행실이 있는 자라면 선비라고 일컬을 수 있겠습니까?"

"그런 사람이라면 선비라고 할 수 있겠소."

"전하께서 그런 사람을 만난다면 신하로 삼으시겠습니까?"

"그런 사람을 만날 수 있다면 얼마나 좋겠소."

"그런 사람을 만나 신하로 삼았다고 칩시다. 그 사람이 심한 모욕을 당하고도 싸우지 않는다면, 그래도 그 사람을 신하로 쓰겠습니까?"

"그렇지 않소. 사나이로서 모욕을 당하고도 싸우지 않는다면 부끄러운 일이오. 그런 사람은 선비라 할 수 없으니 신하로 삼지 않겠소."

"모욕을 당하고도 싸우지 않는다면 선비로서의 한 가지 자격을 잃은 사람입니다. 그러나 네 가지 행실을 잃은 것이 아니니 선비로서의 자격은 잃지 않았다고 하겠습니다. 한편으로는 선비 될 자격을 잃지 않았으니 신하로 삼고, 다른 한편으로는 선비 될 자격을 잃었으니 신하로 삼지 않으신다면, 전하께서 생각하신 선비란 무엇입니까?"

민왕은 대답하지 못했다.

윤문이 다시 물었다.

"한 사람의 신하가 있다고 칩시다. 그가 백성을 다스리면서, 백성에게 잘못이 있으면 잘못이라 하고 백성에게 잘못이 없는데도 잘못이라고 하며, 백성에게 죄가 있으면 벌을 주고 백성에게 죄가 없는데도 벌을 주면서 '백성 다스리기가 정말 어렵다'고 한다면 옳은 일이라 하겠습니까?"

170

"그것은 옳지 않소."

"전하께서는 '사람을 죽인 자는 죽이고, 사람을 상하게 한 자는 벌을 주라' 고 하셨습니다. 백성들은 이 말씀이 무서워서, 심한 모욕을 당하고도 싸우려 하지 않습니다. 싸우다가 만약 상대방을 죽이기라도 하면 자기도 죽게 될 것이니, 전하의 명령을 따르기 위해 욕됨을 참는 것입니다. 그런데 전하께서는 '모욕을 당하고도 싸우지 않는 것은 부끄러운 일이다' 라고 하십니다. 부끄러운 일이라고 하신 것은 잘못한 것이라는 말씀입니다. 잘못한 것은 죄를 짓는 것입니다. 심한 모욕을 당하고도 싸우려 하지 않는 백성에게, 지은 죄가 없는데 전하께서는 벌을 주시겠습니까?"

민왕은 대답을 하지 못했다.

논리란 이런 것이다.

제5장
명분을 살펴라

배를 삼킬 만큼 큰 고기도 물을 떠나 뭍으
로 오면 땅강아지나 개미에게도 이기지
못한다.

1
• • • • •
적임자를 찾아라

✳
임금이 할 일과 신하가 할 일

밭을 3천 평 가지고 있는 지주가 있었다. 열 사람의 소작농에게 공동으로 농사를 짓게 했더니, 서로 일을 미루고 남보다 일을 덜 하려고 하기 때문에 수확이 늘지 않았다. 그래서 이듬해에는 열 사람의 소작농에게 각각 3백 평씩 나누어 주고 각자 알아서 농사를 짓게 했더니, 남보다 일찍 일어나고 남보다 늦게 잠자면서 부지런히 농사를 지어 수확이 늘었다.

사람과 천리마가 따로 달리면 사람은 천리마를 도저히 따라갈 수

174

없지만, 사람이 천리마를 타고 달리는 일을 천리마에 맡기면, 사람도 천리마만큼 빨리 달릴 수 있다.

임금이 신하들의 일을 일일이 간섭하면 그것은 천리마와 사람이 따로 달리는 것과 같다. 달리는 일을 천리마에게 맡기는 것처럼 소관 업무를 신하들에게 맡기고, 마치 천리마를 채찍으로 독려하고 고삐로 달릴 방향을 가르쳐 주듯 임금은 다만 신하들을 독려하면, 신하들은 힘을 다하고 능력을 다해 일할 것이다.

이렇게 하면 간신배나 아첨꾼, 편견으로 가득 차 편향되게 일하는 자, 도적 들은 빠져 나갈 길이 없고, 청렴한 사람, 정직한 사람, 충성된 사람, 지혜로운 사람, 어진 사람 들은 모두 능력을 충분히 발휘할 수 있으므로 높은 성과를 얻을 수 있을 것이다.

임금이 일의 도리를 모르면서 스스로 다 안다고 믿으면, 많이 알고 있음을 자랑으로 여겨 신하들에게 일일이 명령을 내리고 간섭하기를 즐겨 정력을 낭비한다. 이렇게 되면 신하들이 모두 부산하게 움직여 소란스러워지고, 젊은이가 늙은이를 뛰어넘으려 해서 권위가 무너지고, 일이 엉크러져서 바로잡을 수 없게 된다. 그로부터 나라가 망하는 틈이 생기는 것이다.

175

�֍

명분이 서면 따르지 않을 자 없다

말을 잘 부리기로 소문난 진(晉)나라의 왕량은 수레를 끄는
네 마리의 말을 따로따로 쓰다듬어 주고, 네 마리의 말이
각각 달리는 상태에 따라 고삐를 당기고 늦추는 둥 네 마리의 말
이 힘을 다해 달리게 하는 기술이 뛰어났다.

임금이 많은 신하를 다루는 데도 눈에 보이지 않는 고삐가 있어
서, 그 고삐를 어떻게 다루느냐에 따라 임금의 능력이 나타난다.

임금의 고삐는 바로 명분을 말한다. 명분으로써 신하들에게 일
의 방향을 제시하는데, 그 명분이 올바르고 명확하면 신하들이 따
르지 않을 수 없다.

요임금이나 순임금의 신하들이 모두 올바른 사람들이었던 것은
아니다. 탕왕이나 우왕의 신하들이 모두 선량하고 충성스러웠던
것은 아니다. 백성을 사랑하고 백성을 위해 일하는 명분과 신하들
을 제어하고 독려하는 임금의 능력이 뛰어났던 것이다.

폭군으로 알려진 걸왕이나 주왕의 신하들이 모두 비겁하고 비
열했던 것은 아니다. 임금이 명분 없는 행동를 하고 명분 없는 일
을 신하들에게 시키는 등 신하들을 제어하고 독려하는 도리를 잃
었던 것이다.

임금이 소를 구하면서 말이라고 하고, 말을 구하면서 소라고 한

176

다면, 구하려는 것을 구하지 못할 것이다. 구하고 싶은 것을 구하지 못했다고 성내고, 구해 내라고 위협하면, 신하들이 원망할 것이다. 그리고 백성들은 소와 말을 혼동하게 될 것이니, 이보다 더 큰 어지러움이 있을 것인가.

※

능력의 한계를 안다는 것

노나라의 어떤 비천한 사람이 송나라 원왕에게 엉킨 것을 풀며 노는 놀잇감을 보내 왔다. 이 놀잇감은 수준이 고난도여서 잘 풀리지 않았다. 원왕이 이것을 풀 수 있는 사람을 널리 구했으나 아무도 풀지 못했다.

마지막으로 한 사람이 반쯤 풀었으나 나머지 반은 풀지 못했다.

"이것은 원래 풀 수 없게 만든 것입니다. 풀 수 있는 것을 내가 풀지 못한 것이 아닙니다."

이 말을 전해 들은 그 비천한 사람이 이렇게 말했다.

"그렇다. 이 놀잇감은 본래부터 풀 수 없게 만든 것이다. 나는 이 놀잇감을 만들었기 때문에 풀 수 없다는 사실을 알고 있지만, 이것을 만들지 않고도 풀 수 없다는 사실을 안 사람은 나보다 재주가 뛰어난 사람이다."

그 사람은 '풀 수 없다는 사실'을 푼 것이다.

정나라의 소문은 하루종일 비파를 연주하고 나서 일어나 비파
에게 두 번 절하고
"나는 비파에게서 내가 완전하지 못하다는 것을 배웠다."
하고 말했다.

2
· · · · ·
책임을 명확히 하라

❋

바탕이 어리석으면

임금은 자기의 치적을 드러내기 좋아하고, 신하나 백성 들이 자기의 말에 잘 따라 주기를 바란다.

신하는 임금과 다투지 않는 것으로 자기의 자리를 유지하고, 임금의 말에 복종함으로써 자기가 한 일에 책임을 지지 않으려 한다.

귀가 들을 수 있는 것은 고요함에 의지하기 때문이고, 눈이 볼 수 있는 것은 밝음에 의지하기 때문이고, 마음이 알 수 있는 것은 이치에 의지하기 때문이다. 임금과 신하가 자기의 직분을 지키지 못하면 이 세 가지 감각 기관이 모두 쓸모없어지고 만다.

나라를 망해먹은 임금이라고 해서 그의 귀가 듣지 못하고, 눈이

179

보지 못하고, 마음이 알지 못해 나라를 망해먹은 것이 아니다. 임금과 신하가 직분을 명확히 나누어 지키지 못했기 때문에 나라가 어지러워지고, 상하의 책임이 분별되어 있지 않아 듣는다고 해도 무엇을 듣는지, 본다고 해도 무엇을 보는지, 안 다고 해도 무엇을 아는지 모르는 어지러운 세상을 만든 것이다.

　바탕이 어리석으면 이치를 깨닫지 못하고, 이치를 깨닫지 못하면 알지 못하고, 알지 못하면 믿지 못하는데, 이것은 마치 뼈 없는 벌레에게 추운 겨울의 얼음을 알게 할 수 없는 것과 같다.

❇

세 가지를 버려라

한 나라 소후가 종묘 제사에 쓸 돼지를 보니 너무 작았다. 담당 관리에게 큰 놈으로 바꾸라고 지시해 다른 돼지로 바꾸어 왔다. 소후가 다시 가져온 돼지를 보고

"아니, 이 돼지는 아까 그 돼지가 아니냐?"

하고 따져 물으니 담당 관리는 아무 말도 못 했다.

　한 신하가 소후에게 먼저 돼지와 나중 돼지가 같은 놈인 걸 어떻게 알았느냐고 물으니, 소후는 돼지의 귀를 보고 알았다고 말했다.

　이 이야기를 들은 신불해가 이렇게 말했다.

"남의 귀먹은 것을 어떻게 알 수 있느냐 하면 나의 귀가 밝은 것으로써 알 수 있고, 남의 눈이 먼 것을 어떻게 알 수 있느냐 하면 나의 눈이 밝은 것으로써 알 수 있으며, 남의 미친 것을 어떻게 알 수 있느냐 하면 나의 말이 옳은 것으로써 알 수 있다. 그러므로 올바로 들으려 하지 않는 귀를 버리고 들으면 귀가 밝아지고, 올바로 보려 하지 않는 눈을 버리고 보면 눈이 밝아지고, 올바르지 않은 지혜를 버리고 판단하면 마음이 공정해진다. 올바로 들으려 하지 않는 귀, 올바로 보려 하지 않는 눈, 올바르지 않은 지혜, 이 세 가지를 버리면 나라는 잘 다스려지고, 이 세 가지를 쓰면 나라는 어지러워진다."

임금 노릇하기 쉬운 까닭

제 나라 환공에게 한 신하가 "이 일을 어떻게 처리할까요?" 하고 물었다.

환공이 "관중에게 물어 처리하라."고 대답했다.

또 다른 신하가 환공에게 "이 일을 어떻게 처리할까요?" 하고 물었다.

환공은 "관중에게 물어 처리하라."고 대답했다.

또 다른 신하가 환공에게 "이 일을 어떻게 처리할까요?" 하고 물었다.

환공은 또 "관중에게 물어 처리하라."고 대답했다.

이를 보고 신하들이 "하나에도 관중, 둘에도 관중, 셋에도 관중, 임금 노릇하기 참 쉽겠다."고 수근거렸다.

환공이 신하들이 하는 말을 듣고 이렇게 말했다.

"내가 관중을 만나기 전에는 임금 노릇하기가 몹시 어려웠다. 그러나 관중을 만난 뒤부터는 임금 노릇하기가 참으로 쉬워졌다."

�֎

사람을 안다는 것은 쉬운 일이 아니다

공자가 진(陳) 나라와 채나라 사이에서 매우 곤궁하게 지낼 때였다.

이레 동안 곡식을 구경하지 못하고 명아주국으로 끼니를 때우던 어느 날, 공자는 낮잠을 자고 있었다.

안회가 어디서 쌀을 구해 와 밥을 짓고 있었는데, 밥이 거의 다 익어 갈 무렵 공자가 잠이 깨서 바라보니 안회가 솥에서 익어 가는 밥을 퍼내 먹고 있었다.

잠시 후에 밥이 다 되어 안회가 공자에게 밥상을 올렸다.

공자는 비로소 잠에서 깨어난 것처럼 하고

"지금 꿈 속에서 돌아가신 아버님을 뵈었구나. 이 밥을 먼저 아
버님께 바쳐야겠다."

하고 말하면서 안회의 동정을 살폈다.

안회는 몹시 당황하면서

"안 됩니다. 밥이 다 되어갈 때 재가 날려 밥에 떨어져서 밥을
버리기 아까운 생각에 제가 조금 먹었습니다."

하는 것이었다.

공자가 탄식하며 말했다.

"믿을 수 있는 것은 눈이지만 그러나 눈은 오히려 믿을 수가 없
고, 의지할 것은 마음이지만 그러나 마음은 오히려 의지할 것이
못 된다. 제자들아 이렇게 기록해 두어라. '사람을 안다는 것은 참
으로 쉬운 일이 아니다.' 라고."

3
권세를 잡으면 조심하라

물고기가 물을 떠나면 개미에게도 먹힌다

배를 삼킬 만큼 큰 물고기도 물을 떠나 뭍으로 올라오면 땅강아지나 개미에게도 이기지 못한다. 큰 권세를 가졌던 사람도 물고기와 같다. 권세를 가졌던 사람이 권세를 잃으면 위태로워진다.

권력이 비슷비슷하게 나누어지면 서로 부릴 수가 없고, 힘이 서로 같으면 서로 어울릴 수가 없다. 그러므로 작고 크고, 가볍고 무겁고, 적고 많은 것을 자세히 살피지 않으면 안 된다.

왜냐 하면 이것이 화와 복의 갈림길이 되기 때문이다.

큰 것으로 작은 것을 부리고

고대의 나라는 배나 수레를 타고 갈 수 있는 곳까지 다스리고, 주변의 미개한 지역은 쓰지 않고 버려 두었는데, 그런 지역이 사방 3천 리나 된다.

고대의 임금은 천하의 중심을 선택하여 나라를 세우고, 나라의 중심에 궁궐을 짓고, 궁궐의 중심에 종묘를 두었다.

천자가 사방 1천 리 정도 크기만의 나라를 세운 것은 다스리는 책임을 다하기 위해서요, 나라를 더 크게 경영할 능력이 없어서 그러한 것은 아니다.

제후국은 나라에 가까울수록 크게 했고, 멀수록 작게 해서, 거칠고 머언 바닷가에서는 겨우 10리 안팎의 영토를 가진 제후가 있었다.

큰 것으로 작은 것을 부리고, 무거운 것으로 가벼운 것을 부리고, 많은 것으로 적은 것을 부리는 것은 임금이 천하의 왕업을 완성한 까닭이다. 그러므로 큰 나라로 작은 나라를 보호하면 길할 것이요, 작은 나라로 큰 나라를 보호하면 멸망할 것이다. 무거운 것으로 가벼운 것을 부리는 것은 순종하는 것이요, 가벼운 것으로 무거운 것을 부리는 것은 흉한 일이다.

지금 천하의 백성들은 가난하고 살기가 괴롭다. 백성들의 가난이 심해지고 괴로움이 심해질수록 임금으로서 성공하기는 더욱 쉽다. 왜냐 하면 임금은 가난함과 괴로움 속에 갇혀 있는 백성을 구원하는 일을 해야 하는 사람이기 때문이다.

✱

왜 나라는 나뉘어 있는가

신자가 이렇게 말했다. "지금 한 마리의 토끼가 달리고 있는데 백 사람이 그 뒤를 쫓고 있다. 이것은 한 마리의 토끼의 다리가 백 사람의 몫을 하기 때문이 아니라, 이 토끼가 아직 누구의 소유라는 것이 정해지지 않아서이다. 시장에 가면 토끼가 가득하건만 지나가는 사람들은 거들떠보지 않는다. 토끼를 싫어해서 그런 것이 아니라 토끼의 임자가 이미 정해졌기 때문이다. 임자가 이미 정해졌으면 사람들은 다투어 차지하려 하지 않는다."

그러므로 천하와 나라를 다스리는 데도 영토를 나누고 경계를 확정하여 각각 한정된 땅을 소유하여 다스리는 것이다.

4
. . . . .
내가 다 하겠다는 생각을 버려라

❈

임금은 신하가 할 일을 하지 마라

위(魏) 나라에서 재상을 지낸 이회는 "개가 아니면 토끼를 잡을 수 없다. 토끼가 변하여 개가 되면 토끼를 잡지 못한다."라고 말했다.

신하가 해야 할 일을 임금이 하는 것은 이회의 말과 같다. 임금이 스스로 신하가 할 일을 하게 되면, 신하는 상자 속에 넣어 둔 빗자루와 같아진다.

임금이 몸소 사직을 편안하게 하려고 하면 도리어 혼란스러워지고, 임금이 신하를 제쳐 두고 여러 가지 일을 몸소 처리하다가는 나중에는 지치고 만다.

옛날에 이예는 활을 만들었고, 호조는 옷을 만들었고, 의적은 술을 만들었고, 백익은 우물을 만들었고, 적기는 절구를 만들었고, 무팽은 의술을 만드는 등 이런 모든 것은 임금이 스스로 할 수 없으므로 신하들에게 의뢰하여 신하들이 능력을 다 쏟아 만든 것이다.

이와 같이 역사에 남을 일을 한 것은 임금 자신이 알지 못하는 것을 잘 아는 신하에게 맡겨 하게 하고, 자신이 할 수 없는 것을 잘 할 수 있는 신하에게 맡겨서 성과를 거둔 것이다.

❋

적재적소의 인사

관중이 환공에게 말했다. "농토를 개간하여 고을 땅을 넓히고, 땅을 일구어 곡식을 심으며, 땅의 이로움을 다 이용하는 데는 영속만한 사람이 없습니다. 그에게 농정을 맡겨 보십시오. 외교에는 습붕만한 사람이 없습니다. 그에게 외교를 맡겨 보십시오. 바른 말을 하는 데는 동곽아만한 사람이 없습니다. 그에게 언론을 맡겨 보십시오. 수레바퀴가 뒤엉키지 않게 하고 북을 치면 진격하고 징을 치면 후퇴하여 군사를 일사불란하게 지휘하는 데는 성보만한 사람이 없습니다. 그에게 군대를 맡겨 보십시오. 죄없는 사람을 죽이지 않고, 죄없는 사람을 무고하지 않게 하는 데

188

는 현장만한 사람이 없습니다. 그에게 사법을 맡겨 보십시오. 그리고 전하께서 패왕이 되고자 한다면 여기 이 관중에게 나라 일을 맡겨 보십시오."

환공은 관중의 말을 받아들여 그 다섯 사람에게 각각 일을 맡기고, 관중에게 총괄토록 했다. 그로부터 10년 후 환공은 제후를 규합하여 천하를 다스리는 패왕이 되었다. 환공이 패왕이 된 것은 관중과 이 다섯 사람의 재능에 의한 것이다.

관중은 자기의 능력이 미치지 못할 일은 다섯 사람의 재능에 맡김으로써 능률을 극대화했던 것이다.

5

하나로 통일하라

네 마리의 말이 끄는 수레

군대에 장수가 있는 것은 통일하여 지휘하기 위해서이고, 나라에 임금이 있는 것은 통일하여 다스리기 위해서이다. 하나로 합치면 다스려지고 둘로 나뉘면 어지러워진다.

네 마리의 말이 끄는 수레를 네 사람이 각각 한 채찍씩 잡고 몰면 성문을 빠져 나가지 못하는데, 이것은 채찍질이 통일되지 않아 말들이 제각각으로 달리기 때문이다.

나라를 다스리는 근본

초나라 왕이 첨하에게 나라 다스리는 도에 관해 물었다. 첨하는 "저는 몸을 다스리는 도는 들었으나 나라 다스리는 도는 듣지 못했습니다." 하고 대답했다.

첨하가 어찌 나라 다스리는 도를 몰라서 이렇게 대답했겠는가. 나라를 다스리는 근본은 몸을 다스리는 데에 있는 것이니, 몸이 다스려지고 나서 집안이 다스려지고, 집안이 다스려지고 나서 나라가 다스려지며, 나라가 다스려지고 나서 천하가 다스려지는 것이다.

그러므로 몸으로써 집안을 다스리고, 집안으로써 나라를 다스리고, 나라로써 천하를 다스린다고 하니, 이 네 가지는 그 지위는 서로 다르지만 근본은 같은 것이다.

성인이 하는 일을 넓히면 우주에 닿고 일월에 닿고, 이것을 좁히면 몸에서 벗어나는 것이 없다. 그러나 이 이치를 부모가 자식에게 전해 줄 수 없고, 신하가 임금에게 바칠 수 없다. 다만 재능 있는 사람만이 그 이치를 알 수 있는 것이다.

자신의 장단점을 알아야 한다

오기가 재상인 상문에게 물었다. "나라를 다스리고, 백성을 교육하고, 풍속을 고쳐 바꾸고, 임금과 신하가 의리를 지키고, 부모와 자식이 차례를 지키게 하려면, 나와 대감 중에 누가 더 잘 할 수 있다고 보십니까?"

"나는 자네만 못하네."

"오늘 우리가 처음으로 신하가 되어 임금을 섬기기 시작했다면, 임금의 마음을 편안하게 하는 데 누가 더 낫다고 보십니까. 오늘 우리가 사퇴한다면 내가 사퇴하는 것과 대감께서 사퇴하는 것 중에 어느 쪽이 임금의 마음을 편안하게 해 준다고 보십니까?"

"나는 자네만 못하네."

"북채를 들어 한 번 북을 울려, 병사들로 하여금 죽는 것을 사는 것보다 더 기쁘게 하는 일에는 대감과 나 중에 누가 더 낫다고 보십니까?"

"나는 자네만 못하네."

문답을 마치고 오기가 상문에게 말했다.

"대감께서는 세 가지 물음에 대해 모두 나에 못 미친다고 했습니다. 그런데도 대감께서는 나보다 높은 자리에 있습니다. 임금을 섬기는 것이 운명입니까?"

192

이 말을 듣고 상문이 오기에게 말했다.

"자네가 나에게 물었으니 나 또한 자네에게 묻겠네. 세상은 많이 변했고 임금은 나이 어리며, 많은 신하들이 서로 시기하며 의심하고 있네. 백성들은 이 어수선한 시대에 안정을 얻지 못하고 있네. 이 책임이 자네에게 있는 것인가 아니면 나에게 있는 것인가?"

오기는 한참 동안 대답을 못하다가 "그 책임은 대감에게 있습니다." 하고 대답했다.

상문이 "그렇네, 내가 자네의 윗자리에 있기 때문이네." 하고 말했다.

오기는 자기의 장점을 알면서 단점을 알지 못하며, 자기의 유능한 점은 알면서 자기의 부족한 점을 모르는 사람이다. 그러므로 오기는 서하의 싸움에서 승리하여 초나라를 강성하게 했으면서도 왕착의 모함을 받아 사지가 찢기는 참혹한 죽음을 당했다.

오나라는 제나라를 이기고도 월나라에게 망했으며, 제나라는 송나라를 이기고도 연나라에게 망했다. 나라를 보전하고 자기 몸을 온전하게 하는 자는 자기의 장단점과 사태의 변화를 아는 사람이다.

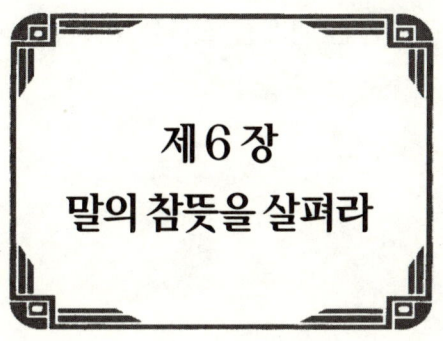

제 6 장
말의 참뜻을 살펴라

귀는 소리가 있기 때문에 들을 수 있고
눈은 밝음이 있기 때문에 볼 수 있다.

1

인간 관계를 잘 유지하려면

새는 놀라면 날아간다

노나라에 머물던 자사가 노나라 임금에게 이제 떠나야겠다고 말하니, 노나라 임금이 "천하 어느 나라의 군주도 나와 마찬가지일 것이니, 그대는 어느 나라로 갈 생각인가?" 하고 물었다.

"사람은 새와 같아서 놀라면 날아간다고 합니다."

자사가 이렇게 대답하자, 노나라 임금이 "임금의 어리석음은 모두 거기서 거기다. 어리석은 임금에게서 떠나고, 어리석은 임금을 피해 가고서 어찌 천하의 임금을 논할 수 있을 것인가." 하고 말했다.

새가 날아가는 것은 놀람을 피해 안정을 취하려는 것이다. 놀람을 떠나 안정을 취하는 편이 옳으냐 그르냐 하는 판단은 아직 내릴 수 없다. 놀라는 쪽을 취한다면 새는 어디로 또 날아갈 것인가. 자사가 노나라 임금의 물음에 한 대답은 잘못된 말이라 할 수 있다.

불의를 들어 불의를 정당화하다

위(魏)나라의 혜왕이 한나라의 소후에게 사신을 보내 이렇게 권했다.

"한나라는 정나라를 멸망시켰습니다. 멸망한 정나라의 후손을 제후에 봉하여 주시기 바랍니다. 이것은 망한 나라를 존속시키고 끊어진 세대를 계승케 하는 것이니, 큰 명분을 세우는 일이 될 것입니다."

한나라 소후는 이 말을 듣고 근심이 많았다.

소후가 근심하는 것을 보고 아들 식아가

"저를 위나라에 보내 주시면 제가 혜왕을 만나 대답을 드리겠습니다."

하고 청했다.

사신이 되어 위나라에 간 식아가 혜왕을 만나 이렇게 말했다.

"귀국이 우리 나라에 권하기를 정나라의 후손을 제후에 봉하라

고 하는데, 우리 나라로서는 따르기 어려운 말입니다. 지난날 진
(晉)나라 왕 출공이 신하들의 반란을 피해 제나라로 망명한 사건
이 있었습니다. 그 출공의 후손이 구금되었을 때, 귀국에서는 그
를 동정하지 않고 나몰라라 냉정했었습니다. 그런 귀국이 우리 나
라한테는 망한 나라를 존속시키고 끊어진 세대를 계승시키라고
하니, 우리 나라로서는 그 말에 따를 수가 없습니다."

이 말을 들은 혜왕은 부끄러워하며

"아아, 그 말은 내 본래의 뜻이 아니니 더 말하지 맙시다."
하고 없었던 일로 했다.

식아의 말은 위나라의 불의를 들어 한나라의 불의를 정당화한
것이다. 남의 그른 것으로써 나의 과오를 정당화하는 데 성공했다
할 것이다.

성인 되기는 쉬운가

위(魏)나라의 소왕이 전굴에게 물었다. "내가 세자였을 때
선생이 하는 말을 들었습니다. 선생은 '성인이 되기는 쉽
다'고 했는데 정말 그렇습니까?"

"네 그렇습니다."

"그렇다면 선생은 성인입니까?"

"아직 업적을 이루기 전의 사람을 성인으로 알아본 경우는 요임금이 순임금을 알아본 경우지요. 백성들은 순임금이 업적을 이룬 뒤에야 성인임을 알아보았습니다. 지금 저는 아직 아무런 업적도 이룬 것이 없는데, 전하께서는 저에게 '그대는 성인인가' 하고 물으십니다. 저도 전하께 묻겠습니다. 전하께서는 요임금과 같은 성군이십니까?"

소왕은 대답하지 못했다.

전굴이 소왕에게 한 이 말은, 전굴이 원래 '나는 성인을 안다'고 말한 것이 아닌데, 소왕이 '선생은 성인인가' 하고 물으니, 성인을 아는 것으로 대답한 것이다.

✤

진심에서 우러나지 않는 정책은 실패한다

조나라의 혜왕이 공손룡에게 말했다. "나는 평화 정책을 10년 넘게 쓰고 있는데 아직 성공을 거두지 못하고 있다. 군대를 쓰지 않는 평화 정책이 잘못된 것인가?"

이 물음에 공손룡은 이렇게 대답했다.

"평화 정책의 큰 뜻은 세상을 사랑하는 마음에 있습니다. 세상을 사랑하는 데는 헛된 명분만으로는 될 수 없고, 진심에서 우러나는 정책이어야 합니다. 그런데 전하께서는 진나라에게 두 고을을 빼앗기고 그 분한 마음을 상복을 입어 나타내셨습니다. 동으로는 제나라를 공격하여 성을 얻고 전하께서는 잔치상을 차려 술을 마시며 축하했습니다. 진나라가 땅을 얻었을 때 전하께서는 상복을 입으셨으며, 제나라가 땅을 잃었을 때 전하께서는 잔치상을 차리셨으니, 이것은 세상을 사랑하는 마음이 아닙니다. 그래서 전하의 평화 정책은 실패한 것입니다."

여기 어떤 사람이 있는데, 그 사람 자신은 무례하면서 남은 자기에게 예의를 차릴 것을 바라고, 자신은 거만하면서 남은 자기에게 경례하기를 바라고, 자신은 화를 잘 내고 큰 소리로 야단을 치면서 남은 자기에게 온순할 것을 바란다면, 비록 황제(黃帝)와 같은 성인이라도 괴로워지기는 마찬가지일 것이다.

나라 창고와 내 집 창고

위(衛)나라의 사군이 세곡을 가혹하게 거두어, 그 세곡을 나라 창고에 쌓아 두니, 백성들의 불만이 컸다.

사군이 박의에게 "백성들이 매우 어리석다. 세곡을 창고에 쌓아 두는 것은 백성들을 위해서 쓰려는 것이다. 백성들이 자기 창고에 쌓아 두는 것이나 나라 창고에 쌓아 두는 것이나 다를 것이 무엇이란 말인가." 하고 불평했다.

박의가 이렇게 대답했다.

"그렇지 않습니다. 백성들이 자기 집 창고에 곡식을 쌓아 두면 전하께서는 그 곡식을 마음대로 쓸 수 없으니 나라 창고에 쌓아 두느니만 못하고, 나라 창고에 쌓아 두면 백성들이 마음대로 쓸 수 없으니 자기 집 창고에 쌓아 두느니만 못합니다."

❋
사람을 두려워하는 것

공 자 답이 스물의 어린 나이에 주나라 재상이 되었다. 늙은 대신 신향이 답과 이야기하기를 퍽 두려워했다. 답이 그런 신향을 비웃으며

"그대는 나를 퍽 두려워하는데, 내가 재상이어서 그러시오?" 하고 물었다.

"제가 어리석어서 그리했습니다. 비록 제가 어리석다 하더라도 대감께서는 나이 스물에 재상이 되었는데, 이 늙은 사람을 두려워하게 만드니, 그 잘못이 누구에게 있다고 보십니까?"

이 말에 답은 대답을 하지 못했다.

사람이 사람을 두려워하는 까닭은 존귀한 사람과 이야기하는 데 익숙하지 못해서이고, 사람이 사람을 두려워하게 만든 까닭은 존귀한 사람이 위엄을 앞세워 교만하게 굴기 때문이다.

존귀한 사람이 겸손하고 예의바르게 행동하는데도 사람들이 그를 두려워하는 경우도 있는데, 이런 경우는 존귀한 사람에게 잘못이 있지 않다. 그러나 위엄을 앞세워 교만하게 굴어서 사람들을 두려워하게 만드는 경우는 존귀한 사람에게 잘못이 있으므로 비난받아 마땅하다.

2

말을 무겁게 하라

왜 3년 동안 말이 없었나

상나라의 어진 임금으로 알려진 고종은 상중에 있을 때 3년 동안 말을 하지 않았다. 그래서 신하들이 모두 두려워했다.

고종은 말하지 않은 까닭을 이렇게 말했다.

"나는 내가 타당하지 않은 말을 할까 두려워 말을 하지 않았다."

옛날의 천자는 이처럼 말을 신중하게 했으므로 말로 인한 실수나 과오가 없었다.

한 마디 말로 임금을 깨우치다

주나라 무왕의 아들 성왕이 어린 나이에 왕위에 오르자 숙부인 주공 단이 섭정을 했다.

어느 날, 성왕이 오동나무 가지를 휘어잡아 잎사귀를 따서 동생인 숙우에게 주며

"나는 이것으로, 제후가 의식을 행할 때 손에 잡는 구슬을 삼아, 너를 제후에 봉한다."

하고 놀았다.

숙우가 형과 함께 놀았던 이 이야기를 숙부인 주공에게 했다.

주공은 이 말을 듣고 성왕에게

"전하께서는 숙우를 제후에 봉하셨습니까?"

하고 물었다.

"네? 나는 숙우와 장난을 치면서 그리한 것입니다."

"임금은 장난으로 하는 말이 없습니다. 임금의 한 마디 말은 역사에 기록되고, 훗날의 임금들이 그 말을 기준삼아 정사를 처리하게 됩니다."

이 말을 들은 성왕은 곧바로 동생 숙우를 진(晋) 나라 제후에 봉했다.

주공은 좋은 말로써 어린 임금을 잘 보좌했다고 할 수 있다.

성왕은 임금으로서 말을 신중히 해야 함을 깨달았고, 또한 아우를 사랑하는 마음을 나타냈으며, 그로 인해서 왕실을 안정되게 이끌었던 것이다.

그 새는 왜 3년 동안 날지 않았나

초나라 장왕이 임금 자리에 오른 후 3년 동안 정사는 돌보지 않고, 수수께끼놀이만 좋아했다.

성공고가 장왕에게 "전하를 모시고 수수께끼를 나누고 싶습니다." 하고는 "남쪽 언덕에 앉아 3년 동안 움직이지 않고 날지도 않으며 울지도 않는 새가 있습니다. 이 새가 무슨 새입니까?" 하고 수수께끼를 냈다.

"새가 남쪽 언덕에 앉아 3년 동안 움직이지 않은 것은 뜻을 세우려 함이고, 날지 않은 것은 날개의 힘을 키우려 함이고, 울지 않은 것은 백성들의 사정을 살피려 함이지요. 그 새가 날지 않는다고 하지만, 일단 날면 하늘을 찌를 듯 솟아오를 것이요, 일단 울면 사람을 놀라게 할 것이오. 그대는 그만 나가시오. 나는 그대가 하고자 하는 말을 알고 있소."

다음 날 조회에서 새로운 인사를 발표했는데, 새로 임용한 신하가 다섯 사람이요, 면직된 신하가 열 사람이었다. 모든 신하들이 이 인사를 보고 공정한 인사라고 기뻐했으며, 백성들도 좋아했다.

성공고가 낸 수수께끼는 장왕을 깨우쳐서 초나라가 패자가 되는 기틀이 되었던 것이다.

소리가 없어도 들을 수 있는 사람

제나라의 환공이 관중과 함께 거나라를 치기로 의논하고, 아직 실행에 옮기지 않았는데 나라 안 사람들이 모두 알게 되었다.

환공이 이상하게 생각하고 관중에게

"우리가 의논한 말을 나라 안 사람들이 다 알고 있으니 도대체 어떻게 된 거요?"

하고 물었다.

"틀림없이 나라 안에 세상 일을 내다보는 성인이 있을 것입니다."

"아아, 언젠가 어떤 사람이 산뽕나무 지팡이를 손에 짚고 하늘을 우러러보고 있던데 혹시 그 사람이 바로 성인이 아닐까?"

그래서 그 사람을 찾아 만나 보았는데, 별다른 점을 찾아볼 수 없었다.

얼마 후 동곽아를 만난 관중은 '저 사람이 성인임에 틀림없다'고 생각하고, "우리가 거나라를 정벌할 것이라고 말하고 다닌 사람은 바로 당신 아니오?" 하고 물었다.

"그렇습니다."

"나는 거나라를 정벌하겠다고 말한 적이 없는데 그대는 어찌하여 그런 말을 하고 다녔소?"

"임금이 기뻐하는 것은 종과 북의 기색이요, 쓸쓸한 것은 상중에 입는 삼베옷의 기색이요, 기세가 등등하고 손짓 발짓에 자신감이 차 있는 것은 군대를 지휘하는 기색입니다. 전날 제가 환공을 만나 보았는데, 그분의 기세가 등등하고 손짓 발짓에 자신감이 가득 차 있었습니다. 그래서 저는 군사를 일으킬 것이라고 생각했고, 환공께서 손을 들어 가리키는 곳이 거나라 쪽이었고, 제가 가만히 생각해 보니 제후 중에 복종하지 않는 이가 거나라뿐이었습니다. 그래서 저는 환공께서 군사를 일으킨다면, 거나라를 칠 것이라고 생각했습니다."

귀가 들을 수 있는 것은 소리가 있기 때문이다. 동곽아는 소리를 듣지 않고 용모와 팔짓을 보고 환공의 뜻을 알아들었으니, 귀로 듣지 않고도 들을 수 있었던 것이다.

그래서 성인은 소리가 없어도 들을 수 있고, 형상이 없어도 볼 수 있다고 말한다.

3
● ● ● ● ●
정확히 알아야 한다

✺

날아오르는 갈매기가 한 마리도 없다

바닷가에서 사는 사람이 있었다. 그는 갈매기를 좋아해서 언제나 바닷가에서 갈매기와 함께 놀았다.

갈매기가 날아오를 때면 하늘이 온통 갈매기로 뒤덮일 만큼 새까맣게 떠오르는 것이었다.

하루는 그 사람의 아버지가

"갈매기들이 모두 너를 따라서 논다고 하는데 네가 그 갈매기를 잡아 오너라. 나도 갈매기하고 놀아야겠다."

하고 아들에게 말했다.

그런데 다음 날 바닷가에 나가 보니, 날아오르는 갈매기가 한 마

208

리도 없었다.

✤

말을 아껴서 하든지 아니면 아예 하지 마라

승서가 주공 단에게 말했다. "조회를 할 때 신하들이 많아
서, 가만가만 조용히 말하면 신하들이 잘 듣지 못하고, 큰
소리로 말해야 신하들이 알아듣습니다. 이럴 경우에 어떻게 하겠
습니까? 조용히 천천히 말하겠습니까, 큰 소리로 빠르게 말하겠
습니까?"

"조용히 천천히 말하겠소."

"지금 처리해야 할 일이 한 건 있습니다. 신하에게 지시를 해야
하는데, 간략하게 말하면 뜻이 분명하지 않고, 말하지 않으면 일
을 처리할 수 없습니다. 간략하게 말하겠습니까, 아예 말하지 않
겠습니까?"

"말하지 않겠소."

승서는 잘 말할 수 없는 것으로 이야기했고, 주공 단은 잘 말할
수 없는 것으로 들었으니, 이것은 말하지 않으면서 듣고, 말하지
않으면서 모의하고, 말하지 않으면서 일하는 것을 가리킨다. 그래
서 은나라가 비록 주나라를 미워했어도, 주왕이 말을 아끼니 은나

209

라는 정보를 알 수 없었고, 정보가 없어 주나라의 약점을 파악할 수 없으니 함부로 주나라를 해치지 못했다.

�֍

한 번 보고 사람을 알아본 공자

공자가 득도했다고 소문난 온백설자라는 사람을 찾아가 만나 보고는 말없이 물러나왔다.

자공이 공자에게 "스승님께서는 온백설자를 만나 보고자 하신 지가 오래인데, 정작 만나 보고는 말이 없으시니 무슨 까닭이십니까?" 하고 물었다.

"한 번 보고 득도한 사람임을 알았으니 다시 많은 말을 할 필요가 있겠느냐."

그 사람을 만나 보지 않고도 그 사람의 뜻을 알고, 그 사람을 한 번 만나 보고 그의 마음과 뜻을 다 볼 수 있는 것이니, 성인이 성인을 알아보는 데 어찌 설명이 필요하겠는가?

✻
돌을 물에 던지면

초나라 평왕의 손자 중에 백공이란 사람이 있었다. 훗날 정나라로 망명하여 진(晉)나라와 함께 난을 꾸몄다가 피살된 사람이다.

백공이 공자에게 물었다.

"함께 일을 꾸밀 만한 사람은 어떤 사람입니까?"

공자가 이 물음에 대답하지 않으니, 백공이 다시 물었다.

"만약 돌을 물에다 던지면 어떻게 되겠습니까?"

"잠수에 능한 사람이라면 그 돌을 찾을 수 있습니다."

백공이 다시 공자에게 물었다.

"만약 물을 물에다 던지면 어떻게 되겠습니까?"

"두 강이 합해지는 곳에서 역아 같은 사람이라면 물맛을 보고 두 강의 물을 구별할 것입니다."

백공이 다시 물었다.

"그렇다면 사람이 누구와 더불어 일을 꾸밀 수는 없다는 말입니까?"

"어찌 할 수 없다고 하겠습니까. 다만 말의 깊은 뜻을 알 수 있는 사람만이 할 수 있을 뿐입니다."

공자의 이 말은, 어질고 옳은 정치를 펴서 백성들이 기쁘게 그 사

211

람을 받아들인다면, 그런 사람과 함께라면 일을 꾸며도 좋다는 뜻이다.

백공은 공자가 한 이 말의 뜻을 이해하지 못했다. 말의 참뜻을 아는 사람이라면 말을 하지 않는다.

물고기를 잡는 사람은 옷을 적시게 되고, 짐승을 잡으려는 사람은 달리게 된다. 이것은 그렇게 되는 것이지 옷을 적시기를 좋아하고 달리기를 좋아해서 그러는 것이 아니다.

그러므로 가장 고상한 말은 말을 떠나고, 가장 고상한 행위는 행위를 떠난다.

지혜가 천박한 자는 서둘러 끝장으로 치닫는다. 백공이 결국 피살된 것으로 증명되었다 할 것이다.

✲

행동을 보고 속마음을 알다

제 나라 환공이 제후들을 소집했는데 위(衛) 나라 제후가 늦게 왔다. 화가 난 환공은 관중과 함께 위나라를 징벌할 것을 의논하고 궁으로 돌아왔다.

여러 후궁 가운데 위희가

"전하, 신첩의 아비를 용서해 주십시오."

청하면서 절을 두 번 하는 것이었다.

깜짝 놀란 환공이

"내가 위나라 제후를 나무랄 아무런 이유가 없는데, 그대는 어이하여 용서를 청하는가?"

하고 물었다.

"전하께서 오시는 모습을 신첩이 바라보니, 발걸음이 높고 기운이 굳세시었습니다. 전하의 위의는 군사를 일으키겠다는 뜻이 있으신 것입니다. 그리고 신첩을 바라 보는 기색이 변하는 것을 보고, 위나라를 징벌할 뜻을 가진 것이라고 생각했습니다."

이튿날 조회 때 환공이 관중을 가까이 오라고 부르니, 관중이 앞으로 나아가 "전하께서는 위나라 징벌을 포기할 생각이십니까?" 하고 물었다.

깜짝 놀란 환공이 "그대는 어떻게 그것을 아시오?" 하고 물었다.

"전하께서 저를 부르시는 말씀이 낮고 공손하시니, 그것은 전하께서 신을 보기 부끄러워하는 마음이 있다는 뜻입니다. 신은 그것으로써 전하의 마음을 읽었습니다."

"좋습니다. 관중께서는 밖을 다스리고 위희는 안을 다스리니, 나는 제후들의 웃음거리가 되는 일은 없겠소이다."

환공은 감추어 두어야 할 것을 말하지 않았으나, 관중은 용모와 음성으로써 알아들었고, 위희는 걸음걸이와 기색으로써 알아들었으니, 환공이 비록 말하지 않았으나 그의 뜻은 어두운 밤에 촛불을 밝힌 것처럼 명확했다.

말의 참뜻을 아는 자만이 결단한다

진(晋)나라의 양공이 주나라에 사신을 보내 길을 빌려 달라고 청했다.

"우리 나라 임금은 병으로 누워 있습니다. 점을 쳐 보니, 삼도산 귀신의 탓이라는 점괘가 나왔습니다. 그러므로 삼도산 귀신을 달래는 굿을 하려고 합니다. 청하옵건데 삼도산으로 가는 길을 빌려 주십시오."

주나라 임금이 이 청을 들어 주었다.

진나라의 사신이 물러간 뒤 장홍이 유강공에게 이렇게 말했다.

"진나라가 삼도산에서 귀신을 달래는 굿을 하겠다고 우리 임금에게 허락을 받았으니 그것은 가상한 일이나, 길을 빌리는 이유가 구차하고, 제가 진나라의 사신을 보니 그에게 당당한 기세가 있었습니다. 이로 보아서 다른 뜻이 있는 것 같습니다. 공께서는 이에 대한 대비가 있어야 할 것입니다."

유강공은 곧 전차와 군대를 동원하여 진나라의 침공에 대비했다.

진나라는 제사 지낼 사람들을 먼저 보내고, 양자가 거느린 12만

대군이 그 뒤를 따라와 요, 완량, 만씨국 등 세 나라를 급습하여 멸망시켰다. 그러나 미리 대비하고 있던 주나라는 감히 건드리지 못했다.

진나라 사신이 길을 빌리면서 내세운 이유는 내용과 형식이 서로 맞지 않는 것으로, 장홍은 그것을 분명히 꿰뚫어보았던 것이다.

이치는 옳고 그름의 근본이다

정나라에서는 자기의 생각을 글로 써서 거리에다 붙이는 사람이 많았다.

자산이 거리에 글을 써 붙이는 것을 금했다. 그랬더니 등석은 그 방법을 바꾸어 글을 써서 집에 던져 넣었다. 자산이 그것도 금하자, 등석은 사람을 시켜 집에다 보내는 방법을 썼다.

금하는 명령이 있으면 그에 대응하는 방법이 있어 끝이 없으니, 옳고 옳지 않은 분별이 없는 것이다. 옳고 옳지 않은 것을 분별하지 않고 상과 벌로써만 금지하면, 벌은 더욱 강해지고 어지러움 또한 더욱 커진다. 그러므로 나라를 다스리는 데는 이런 방법은 피해야 한다.

옳고 옳지 않은 것을 분별하되 이치에 맞지 않으면 그것은 거짓이요, 알되 이치에 맞지 않으면 그것은 속이는 일이다. 속이는 사람, 거짓된 사람은 옛법에는 주살로써 다스렸다. 이치라는 것은 옳고 그름의 근본이기 때문이다.

옳은 말과 그른 말을 가릴 줄 알아야

정나라에 사는 부자 한 사람이 유수를 건너다가 물에 빠져 죽었는데, 강가에 사는 사람이 죽은 사람의 시체를 찾아 냈다. 죽은 사람의 집에서 사례를 하고 시체를 넘겨 받으려 하는데, 너무 과한 돈을 요구하는 것이었다.

죽은 사람의 집에서 이 사실을 등석에게 말하니 등석이 "걱정할 것 없소. 그 사람이 시체를 다른 사람에게는 팔 수 없을 것이오." 하고 말했다.

이번에는 시체를 가지고 있는 사람이 등석에게 찾아가 부자집에서 너무 째째하게 군다고 말하니 등석은 "걱정할 것 없소. 그 사람이 다른 데 가서는 시체를 살 수 없을 것이오." 하고 말했다.

충신을 괴롭혀 해를 입히는 사람은 등석과 같은 데가 있다.

좋은 업적을 쌓지 못해 백성들의 마음을 얻지 못하면 백성들의 마음을 얻지 못한 것을 가지고 충신을 괴롭히고, 좋은 업적을 쌓아 백성들의 마음을 얻으면 백성들의 마음을 얻은 것으로 충신을 괴롭힌다.

눈이 밝지 못한 임금은 누가 옳고 누가 그른지를 판단하지 못한다. 슬프다, 그러니 충신이 어찌 해를 입지 않겠는가.

죽고 사는 일, 번성하고 멸망하는 일, 편안하고 위태로운 일 들이 모두 등석과 같은 사람이 하는 말과, 그 말을 옳은지 그른지 판단하지 못하는 데서 싹터 자라는 것이다.

※

법을 어지럽히는 사람

자산이 정나라를 다스리는데, 등석이 궤변으로써 백성들을 현혹하여 자꾸 어지럽게 만들었다.

옥에 갇힌 사람의 가족에게서 큰 죄에는 의복 한 벌, 작은 죄에는 바지저고리를 뇌물로 받고, 간교한 논리로 송사를 유리하게 해주었다. 죄를 지은 백성들은 너도나도 등석을 찾아가 의복을 바치고 송사에 관한 일을 등석에게서 배웠다.

등석이 간교한 논리로 옳은 것을 그르다고 하고, 그른 것을 옳다고 하여, 옳고 그른 것을 판단해야 할 나라의 법이 종잡을 수 없게 되었다. 또한 옳은 것과 옳지 않은 것이 바뀌어, 송사에 이기고

217

자 하면 이기고, 벌을 받게 하고자 하면 벌을 받게 했다.

이렇게 되자 정나라의 법도와 기강이 크게 어지러워지고, 백성들의 원성이 높아져 갔다.

자산은 안 되겠다 싶어 등속을 죽여 그 죄상을 널리 알리고, 시체를 모든 사람에게 보이니, 민심은 곧 수습되고, 옳은 것은 옳은 것으로 그른 것은 그른 것으로 바로잡혔으며, 법은 바르게 시행되었다.

요즘 세상에서는 나라 일을 보는 사람은 많건만 등석과 같은 사람들을 주살하지 않는다. 그렇기 때문에 나라 다스리기가 더욱 어려워지는 것이다.

✹

넘치는 것은 모자람만 못하다

제 나라에 영주를 섬기는 사람이 있었는데, 나라에 난리가 있어 영주가 죽었건만 목숨 바쳐 영주를 지키지 않았다.

뒷날 길에서 만난 옛 친구가 "자네는 그 난리 때 죽지 않고 살아남았는가?" 하고 물었다.

"그렇다네. 남을 섬긴다는 것은 남을 섬기는 데서 내게 유리함을 얻기 때문일세. 그런데 내가 죽어서 유리할 것이 없는데 왜 죽어야 한단 말인가?"

218

"그러고도 옛 주인을 대할 수 있단 말인가."

"이 사람아, 죽은 사람을 어떻게 볼 수 있단 말인가."

이 사람은 여러 차례 주인을 바꾸어 섬겼지만 주인을 위해 죽지 않았으니 의롭지 못한 사람이다.

4
말 속에 말이 있으니 그것을 마음이라 부른다

약속을 지켜라

진(秦)나라와 조나라는 '지금부터 진나라에서 하는 일은 조나라가 돕고, 조나라에서 하는 일은 진나라가 돕는다'는 조약을 맺었다.

조약을 맺고 나서 몇 해 뒤, 진나라가 군사를 일으켜 위(魏)나라를 공격했는데, 조나라는 위나라를 구해 주려고 했다.

진나라 왕이 사신을 조나라에 보내

"귀국은 조약을 잊었는가. 진나라가 하는 일을 조나라가 도와주고, 조나라가 하는 일을 진나라가 도와 준다고 하지 않았는가. 우리가 위나라를 치려고 하는데, 귀국에서는 도리어 위나라를 구해 주려고 하니 이것은 조약을 어긴 것이 아닌가."

하고 따졌다.

　조나라 왕이 공손룡에게 어찌 했으면 좋겠느냐고 물으니

　"우리도 진나라에 사신을 보내 '우리가 위나라를 구해 주려고
하는데 진나라는 우리를 도와 위나라를 구하지 않고 오히려 위나
라를 치려고 하니 이것이 조약을 어기는 것이 아닌가' 하고 따지
십시오."

　이렇게 진언했다.

✳

잃어버린 옷

송 나라에 징자라는 사람이 있었는데, 그가 아끼는 검은 옷
을 잃어버렸다.

　길을 가는데 한 여자가 검은 옷을 입고 있었다. 징자가 그 여자
의 옷을 빼앗으려고 했다.

　"나는 검은 옷을 잃어버렸소."

　"선생께서 검은 옷을 잃어버렸다고 하지만, 이 옷은 내가 손수
만든 것입니다."

　"빨리 옷을 나한테 주는 것이 좋을 것이오. 내가 잃어버린 옷은

221

비단 옷감인데, 지금 당신이 입고 있는 옷은 거친 삼베 옷감이오. 거친 옷감으로 고운 옷감에 해당시키니 당신에게 이롭지 않겠소."

징자의 이런 말을 궤변이라고 한다.

신하들이 왕을 두려워하지 않는 까닭

송나라의 왕이 재상인 당앙에게 물었다. "나는 많은 사람을 죽였다. 그런데도 신하들이 나를 두려워하지 않으니 그 까닭이 무엇인가?"

"전하께서 죽인 자들은 모두 선하지 않은 자들이었습니다. 선하지 않은 자들만 죽이니 선한 자들은 두려워하지 않습니다. 전하께서 모든 신하들이 두려워하기를 바란다면 선하고 선하지 않고를 가리지 말고 죽이십시오. 그러면 신하들이 모두 다 두려워할 것입니다."

오래지 않아 송나라 왕은 당앙을 죽였다.

당앙의 대답은 대답하지 않은 것만 못했다.

좋은 노래와 어영차 소리

위(魏)나라에서 혜자가 법을 만들어 백성들에게 공고하니 백성들이 모두 좋아했다. 혜왕에게 보고하니 혜왕도 좋아했다. 혜왕이 작전에게 보여 주니 작전도 좋다고 했다.

혜왕이 "그렇다면 시행하는 것이 좋겠는가?" 하고 물으니 작전은 "시행하는 것은 좋지 않습니다." 하고 대답하는 것이었다.

"그대는 좋은 법이라고 하면서 시행은 반대하니 무슨 까닭인가?"

"많은 사람들이 큰 나무를 드는데, 앞에서 '어영차' 하면 뒤에서 '어영차' 하고 따라서 소리를 지릅니다. 왜 좋은 노래를 부르지 않고 '어영차' 소리를 지르겠습니까? 노래가 아무리 좋다고 하더라도 '어영차' 소리만큼 나무를 드는 데 적합하지 않기 때문입니다. 나라는 큰 나무 중의 큰 나무와 같습니다."

작전은 이렇게 대답했다.

5
비굴하지 말라

왜 임금 자리를 사양하나

위(魏)나라의 혜왕이 혜자에게 말했다. "상고 시대의 임금들은 모두 어질고 지혜로운 사람이었습니다. 그런데 오늘날 저는 지혜로움이 선생에게 미치지 못합니다. 그러므로 나는 나라를 선생에게 물려주고자 합니다."

이 느닷없는 말에 혜자는 그럴 수 없다고 사양했다.

혜왕은 거듭 말했다.

"나는 이 나라를 다스릴 자격이 없는 사람입니다. 그러므로 이 나라에서 가장 어질고 가장 지혜로운 사람인 선생께서 이 나라를 다스리면 백성들의 탐욕과 다툼이 없어질 것입니다. 그러니 선생께서는 저의 뜻에 따라 주시기 바랍니다."

"전하께서 말씀하신 대로라면, 저는 전하의 뜻에 따를 수가 없습니다. 전하께서는 이미 임금이시니 그 위의로써 백성의 탐욕과 다툼을 막을 수 있습니다. 저는 한낱 선비일 뿐입니다. 선비의 위의로써는 백성들의 탐욕과 다툼을 막을 수 없습니다."

"옛날의 임금들은 모두 어진 사람이었습니다. 요임금이 나라를 허유에게 물려주려 했으나 허유는 사양하고, 그 말을 들은 귀가 더러워졌다고 흐르는 물에 귀를 씻고 산 속으로 숨어 들어가 살았습니다. 그래서 순임금에게 나라를 물려주어 순임금이 나라를 잘 다스렸습니다. 이로써 세 사람은 모두 어진 사람이라고 후세 사람들이 기리고 있습니다."

혜왕이 혜자에게 나라를 맡아 달라고 청한 것은, 옛날에 나라를 받아서 어진 임금이 된 사람은 순임금이었으니, 혜자로 하여금 순임금처럼 되어 주기를 바라는 뜻이었다.

혜자가 거듭 사양한 것은, 옛날에 임금 자리를 사양하고 어진 사람이 된 허유처럼 되고자 하는 뜻이었다.

옛날에 나라를 물려주어 어진 사람이 된 이는 요임금이었으니, 혜왕은 요임금처럼 되고자 하는 뜻이었다.

요임금과 순임금과 허유는 세 사람 다 훌륭한 인품과 경륜과 능력을 갖춘 사람들로서 백성을 위해 좋은 업적을 남긴 사람들이다.

그런데 혜왕과 혜자는 훌륭한 인품과 경륜과 능력을 갖추지 못한 채 다만 요임금이나 순임금이나 허유처럼 되고자 했다.

　그랬기 때문에 훗날 혜왕은 제나라의 위왕에게 붙잡혔고, 혜자는 옷을 갈아입고 관을 바꿔 쓰고서야 겨우 위기를 모면할 수 있었다.

　진실된 정성이 없이 성인 군자의 흉내를 내려 한 사람들의 말로가 이러했다.

✳

사람을 잘못 쓰면 나라가 망한다

광장이 위(魏)나라 혜왕의 면전에서 혜자를 비판했다. "벼멸구는 농부들이 보는 대로 잡아 죽입니다. 왜 그러겠습니까? 그것은 벼를 해쳐 수확을 축내기 때문입니다. 지금 선생의 행차를 보면, 따르는 사람이 많을 때는 수백 대의 수레와 걷는 사람이 수백 명이나 되고, 적을 때라도 수십 대의 수레와 걷는 사람이 수십 명에 이릅니다. 이들은 농사를 짓지 않으면서 먹고 사는 사람들로서 벼를 축냄이 심합니다."

　광장이 하는 말을 듣고 혜자가 말했다.

　"성을 쌓을 때, 어떤 사람은 큰 나무공이를 들고 성 위에서 흙벽돌을 찧고, 어떤 사람은 지게를 지고 성 아래에서 흙을 져 나르

226

며, 또 어떤 사람은 측량기를 잡고 이쪽 저쪽을 바라보며 살핍니다. 나 같은 사람은 측량기를 잡고 있는 사람과 같습니다. 대장장이에게 물레를 돌려 실을 뽑게 하면 잘 뽑지 못하고, 실 뽑는 아낙에게 나무를 자르게 하면 잘 자르지 못합니다. 선비에게 농사를 짓게 하면 농사를 잘 짓지 못합니다. 그러나 나는 농부를 잘 다스리고 대장장이를 잘 다스리고 아낙네를 잘 다스립니다. 이런 나를 어찌 벼멸구에다 견주는 것입니까?"

이렇게 말한 혜자가 혜왕을 도와 위나라를 다스렸는데 잘 다스려지지 않았다. 50번의 싸움에 20번 졌고, 전쟁에 죽은 백성의 수가 헤아릴 수 없을 만큼 많았다.

위나라 군사는 조나라의 서울 한단을 3년 동안이나 포위하고 있으면서도 빼앗지 못했다. 이 오랜 전쟁으로 백성들의 삶은 피폐해졌고, 나라의 창고는 텅텅 비고 말았다. 조나라를 구하기 위해 여러 나라의 군사들이 한단으로 몰려들었고, 제후들은 모두 위나라를 나쁘다고 성토했다.

혜왕은 겨우 위나라의 사직을 보존할 수가 있었지만, 나라의 보물은 모두 이웃 나라에 대한 뇌물로 나갔고, 사방의 영토는 이웃 나라들에게 찢겨졌으며, 위나라는 이로부터 쇠퇴의 길을 걷게 되었다.

혜자의 국가 경영은 천하의 웃음거리가 되고 말았다.

6

말로써 대응하라

크기만 하고 쓸모없는 솥과 크고 쓸모 있는 솥

백규가 위(魏)나라 혜왕에게 말했다. "큰 솥에다 닭을 삶는데, 물을 많이 부으면 묽어서 먹을 수가 없고, 물을 적게 부으면 눌어붙어서 먹을 수가 없습니다. 큰 솥은 보기에만 우람하고 아름다울 뿐 실제로는 쓸모가 없습니다. 혜자의 말은 큰 솥과 같습니다."

혜자가 이 말을 전해 듣고

"그렇지 않다. 군사들을 굶겨 솥 옆에 세워 놓고, 이 솥에다 떡시루를 얹는다면 이 솥보다 더 쓸모 있는 것은 없을 것이다."
하고 반박했다.

백규가 이 말을 전해 듣고

"쓸모없는 솥을 쓸모 있게 하기 위해 생각해 낸 것이 고작 시루를 얹는 것뿐이란 말인가."

하고 반박했다. 이렇게 말한 백규의 논리는 혜왕을 너무 가벼이 여긴 것이다. 혜자의 말을 가리켜 겉으로 크고 아름답지만 쓸모가 없다고 한 것은, 혜왕이 쓸모없는 것을 취해 혜자를 스승으로 삼았다고 말한 것이다.

※
왜 말과 행동이 다릅니까

공손룡이 연나라 소왕에게 평화 정책을 써야 한다고 설득했다. 소왕이 공손룡의 말을 듣고 나서

"매우 좋은 의견입니다. 나는 그대와 함께 평화 정책에 관해 자세히 이야기를 나누고 싶소."

하고 말했다.

공손룡이 "저는 전하께서 평화 정책에 뜻이 없으신 것을 이미 알고 있습니다." 하고 말했다.

"왜 그렇게 생각합니까?"

"요즘 전하께서는 제나라를 깨뜨리고자 노심초사하고 있습니다.

제나라를 치고자 하는 데 뜻이 같은 천하의 모든 사람들을 전하께서는 거두어 양성하고 있습니다. 제나라의 험한 지리와 제나라를 움직이는 인물들에 대해 알고 있는 사람들을 모두 거두어 양성하고 있습니다. 그러면서 아무리 제나라 정세를 잘 아는 사람이라도, 제나라를 치고자 하는 뜻이 없는 사람은 쓰지 않으십니다. 지금 전하께서는 평화 정책을 쓰고자 한다고 말씀하셨는데, 전하의 신하들은 한결같이 군사를 잘 움직이는 사람들입니다. 저는 그것으로 미루어 전하께서 평화 정책에 뜻이 없는 것으로 알고 있습니다."

이 말에 대해 소왕은 아무 말도 하지 않았다.

상대의 요구를 들어 주는 데도 시기가 있다

진(秦)나라 왕이 스스로 황제라 칭하고, 위(魏)나라에 사신을 보내 위나라 왕에게 조회에 참여할 것을 종용했다.

위나라 왕이 진나라의 조회에 참여하려고 하자, 위경이 이렇게 말했다.

"전하께서는 우리 나라 땅 중에 하내와 양을 비교하여 어느 쪽이 중요하다고 생각하십니까?"

"그야 물론 양이 더 중요하지요."

"그렇다면, 양 땅과 전하 자신을 비교하여 어느 쪽이 중요하다고 생각하십니까?"

"그야 물론 나 자신이 더 중요하지요."

"만약 진나라가 하내를 달라고 요구하면 전하께서는 그것을 주시겠습니까?"

"그야 물론 줄 수 없지요."

"하내는 세 가지 중 가장 아래이고, 전하의 몸은 세 가지 중 가장 위입니다. 진나라에서 가장 아래인 것을 요구할 때는 들어 주지 않고, 가장 위인 것을 요구할 때는 그 요구를 들어 준다면, 저로서는 찬성할 수 없습니다."

"매우 좋은 말이오."

위나라 왕은 진나라에 가려던 마음을 바꾸어 가지 않았다.

진나라가 장평 싸움에서 조나라를 크게 이기긴 했지만, 3년 동안이나 싸워서 승리한 것이니 군사들은 피로해졌고, 군량미는 바닥이 났으며, 백성들의 살림은 피폐해졌다.

이 때 위나라 옆에는 동주와 서주가 있었고 북쪽에는 한나라가 끼여 있어 진나라와 직접적으로 국경을 맞대고 있지 않았다. 위나라는 동으로 도 땅을 얻었고, 위(衛)나라의 땅을 빼앗아 넓힌 영토가 6백 리였을 정도로 세력이 커져 있었다.

당시의 형세가 이와 같았으므로 위(魏)나라가 진나라에 호락호락 조회에 참여할 형편이 아니었다.

231

아직 조회에 참여하지 않아도 좋을 때 조회에 참여하는 것은, 훗날 조회에 참여하지 않으면 안 될 때 가서 조회에 참여하는 것보다 손해가 많다. 조회에 참여해야 할 때와 아직 조회에 참여해서는 안 되는 시기를 깊이 분별해서 생각하지 않으면 안 된다.

7
· · · · ·
필요한 조건은 모두 갖추어라

✖

모든 조건이 갖추어진 뒤에야 이루어진다

옛날에 활을 잘 쏘아 백발백중시켰다는 예나 봉몽이 살아 돌아와, 좋은 활이라고 소문난 번약을 갖고 있다 해도, 활시위가 없다면 활을 쏘아 명중시킬 수 없을 것이다.

그렇다고 해서 명중시키는 데 활시위만 필요한 것은 아니다. 활시위는 활이 갖추어야 할 기구 가운데 한 가지일 뿐이다.

사람이 큰 업적을 남기는 데도 기구가 있어야 한다. 그 기구를 얻지 못하면 어질고 지혜로움이 비록 탕왕이나 무왕을 앞지른다 해도 수고만 할 뿐 이루는 것은 없을 것이다.

상나라의 탕왕은 위박 땅에서 절약하면서 지냈고, 주나라의 무

233

왕은 필정 땅에서 가난하게 지냈다. 이윤은 푸줏간에서 몸을 굽혔고, 태공은 고기를 낚으며 숨어 지냈다.

그들이 그렇게 지낸 것은 어리석어서가 아니고, 아직 갖추어야 할 조건이 갖추어지지 않아서 그러한 것이다. 아무리 지혜롭고 능력 있는 사람이라 하더라도 조건이 모두 갖추어져야 훌륭한 업적을 이룰 수 있는 것이다.

잡은 고기를 다시 놓아 준 까닭

공자의 제자 밀자천이 노나라의 산동성 단보 고을을 다스리게 되었을 때의 일이다.

밀자천은 노나라 임금이 다른 사람의 말만 듣고 자기를 파직할까 염려했다. 그래서 임지로 떠나면서 임금에게 서기 두 사람을 파견해 줄 것을 요청하여 그들과 함께 단보 고을에 부임했다.

단보에 이르니 고을 안의 관리들이 모두 와서 인사를 드렸다.

서기들이 서류를 작성하는데 밀자천이 옆에 앉아 서기의 팔을 건드리므로 서기가 글씨를 잘못 썼다. 밀자천은 글씨를 잘못 썼다고 서기들에게 화를 냈다.

서기들은 그것이 괴로워 사퇴하고 돌아가겠다고 청했다.

"그래? 자네들의 글씨는 알아볼 수가 없다. 돌아가겠다면 허락하겠다."

일이 이렇게 꼬여 서기들은 돌아가서 임금에게 보고했다.

"밀자천은 서기를 둘 사람이 못 됩니다. 우리가 서류를 작성하고 있으면, 팔을 건드려 글씨를 잘못 쓰게 해 놓고는 글씨를 잘못 썼다고 화를 냅니다. 그러면 고을의 관리들이 모두 밀자천을 비웃습니다. 그래서 사직하고 돌아왔습니다."

이 말을 들은 노나라 임금은 한숨을 크게 쉬고 말했다.

"밀자천은 이번 사건으로 나의 어리석음을 간한 것이다. 지금까지 내가 밀자천이 하는 일을 간섭하여 밀자천이 마음놓고 일을 할 수 없도록 했었다. 너희들이 아니었다면 내가 참으로 잘못을 저지를 뻔했다."

노나라 왕은 단보 고을로 사람을 보내 밀자천에게 말했다.

"이제부터 단보는 나의 소유가 아니라 그대의 소유다. 단보를 그대의 뜻대로 다스리라. 그리고 5년 후에 결과를 보고하라."

밀자천은 그로부터 자신의 뜻대로 단보 고을을 다스려 나갔다.

3년 후, 공자의 제자 무마기가 남루한 옷을 걸치고 단보 고을에 들어가 밀자천이 어떻게 고을을 다스리고 있는지 살폈다. 밤에 어부들이 고기를 잡는 것을 보니, 어부들이 고기를·잡아서 도로 놓아 주는 것이었다. 무마기가 이상히 여겨 그 까닭을 물었다.

"고기를 잡는 것은 고기를 얻기 위함인데, 당신들은 왜 고기를 잡아서 도로 놓아 주는 거요."

"우리 고을의 원님인 밀자천은 작은 고기를 못 잡게 합니다. 만약에 작은 고기를 잡으면 중벌로 다스립니다. 그래서 우리가 잡은 고기 가운데 작은 놈을 놓아 주고 있습니다."

무마기가 돌아와 공자에게 말했다.

"밀자천은 덕으로 고을을 다스리고 있었습니다. 백성들에게 밤에 일하도록 하면서도 형벌 또한 엄하게 시행하는 것 같았습니다. 선생님께서는 밀자천이 어떻게 해서 그 경지에 이르렀다고 보십니까?"

공자가 이렇게 대답했다.

"나는 일찍이 '이 쪽에 성의를 다하는 사람은 저 쪽에 벌을 준다.'고 말했었다. 밀자천은 내가 한 말을 단보에서 실천하고 있는 것이다."

밀자천이 덕정을 베풀 수 있었던 것은 노나라의 임금이 뒤에서 그렇게 하도록 해 주었기 때문이다. 노나라 임금이 그렇게 하도록 해 준 것은 밀자천이 먼저 준비를 하고 있었기 때문이다. 준비를 철저히 하고 있으면 이룰 수 있는 때가 온다.

※
지성이면 감천이다

세 살짜리 젖먹이는 임금이 쓰는 면류관이 앞에 있어도 좋아할 줄 모르고, 큰 도끼와 작은 도끼가 뒤에서 노리고 있어도 무서워할 줄 모른다.

어머니의 사랑은 지성스럽다. 그러므로 지성스럽고 또 지성스러우면 곧 마음을 움직인다. 정성스럽고 또 정성스러우면 하늘의 뜻에 통한다. 정성스러움이 하늘의 뜻에 통하면 물이나 나무나 들도 감동하는데 하물며 사람임에랴.

그러므로 설득과 다스림에는 지성스러움만한 것이 없다. 설득과 다스림이 지성에서 나오지 않으면 사람의 마음을 움직여 감화시킬 수 없다.

237

제 7 장
세속을 초월하라

사람들은 부족한 것을 귀하게 여기고 남
아 돌아가는 것을 천하게 여긴다. 그러므
로 선비는 청렴결백하게 산다

1
욕심을 버리다

부족하면 귀해진다

오늘날 세상 사람들에게 부족한 것은 이치와 의리요, 남아 돌아가는 것은 망령된 것과 구차한 것이다.

사람들은 부족한 것을 귀하게 여기고 남아 돌아가는 것을 천하게 여긴다.

그러므로 선비는 청렴결백하게 살려고 한다. 생활은 곤궁하지만 이름은 영광스러워서, 비록 배곯아 죽는다고 하더라도 천하의 사람들은 그의 부족한 것, 다시 말해 재물을 모을 줄 모르는 세속적 무능력을 폄하하지 않고 오히려 고상한 것이라고 기린다.

❋

임금 자리를 싫다고 내던진 사람들

순임금이 천자의 자리를 그의 벗인 석호지농에게 물려주려고 했다.

석호지농은 아내와 함께 자식의 손을 잡고 섬으로 몸을 피해 들어가 생애를 마치도록 돌아오지 않았다.

순임금은 천자의 자리를 또다른 벗인 북인무택에게 물려주려고 했다.

북인무택은 "순이 밭과 들판 사이에 살다가 요의 후계자가 되었으면서도, 또 그 치욕적인 행위로 나까지 더럽히려고 하니, 나는 이것을 부끄럽게 여긴다." 말하고는 깊은 연못에 몸을 던졌다.

상나라의 탕왕이 하나라의 걸왕을 토벌하기 위해 변수와 함께 일을 꾸미려고 했다.

그러나 변수는 "그것은 내가 할 일이 아닙니다." 하고 사양했다.

탕왕이 "그러면 누구와 함께 도모하면 좋겠는가?" 하고 물으니 변수가 "나는 그런 것은 잘 모릅니다." 했다.

탕왕이 이번에는 무광과 함께 일을 꾸미려 했다. 그러나 무광 또한 "그것은 내가 할 일이 아닙니다." 하고 사양했다.

241

　　탕왕이 "그러면 누구와 함께 도모하면 좋겠는가?" 하고 물으니 무광은 "나는 그런 것은 잘 모릅니다." 했다.

　　탕왕이 "이윤이 어떻겠는가?" 하고 물으니 "그 사람은 굳센 힘을 가졌고, 부끄러움을 참을 줄 아는 사람입니다. 나는 그 밖에는 알지 못합니다." 하고 대답했다.

　　탕왕은 이윤과 함께 일을 꾸며 하나라의 걸왕을 토벌하는 데 성공했다.

　　탕왕이 천하를 변수에게 넘겨 주고자 했다.

　　"전하께서 걸왕 토벌을 도모할 때 나와 함께 하고자 한 것은, 나를 하나라를 빼앗는 도적으로 삼고자 한 것이었습니다. 그리고 걸왕을 토벌하고 나서, 천하를 나에게 넘겨 주려고 하는 것은 나를 탐욕스러운 사람으로 만드는 것입니다. 나는 불행하게도 어지러운 세상에 태어났지만, 막되먹은 사람이 나를 찾아와 나를 모욕하는 것은 참고 들을 수가 없습니다."

　　변수는 이렇게 말하고는 강물에 몸을 던졌다.

　　탕왕은 무광에게 천하를 넘겨 주고자 이렇게 설득했다.

　　"지혜로운 사람이 일을 도모하고, 힘을 가진 사람이 그 일을 이루며, 덕이 있는 사람이 그것을 다스린다는 것은 예로부터 내려오는 이치입니다. 선생께서는 어찌하여 천자의 자리에 오르려 하지 않으십니까. 나는 선생을 돕겠습니다."

그러나 무광은 사양하면서

"걸왕을 쳐 천자를 폐한 것은 옳은 일이 아니요, 걸왕을 치는 싸움을 일으켜 백성들을 죽게 한 것은 어진 일이 아닙니다. 그 어려운 일을 저지른 사람은 따로 있는데, 내가 가만히 앉아서 이득을 누린다는 것은 염치없는 짓입니다. 옳지 않은 이득은 받지 말고, 어지러운 세상의 흙은 밟지 말라는 말이 있습니다. 그러므로 나는 천하를 받을 수 없습니다."

이렇게 말하고는 돌을 등에 지고 강물에 빠졌다.

극은 극이고 모는 모다

제나라와 진(晋)나라가 싸우는데, 제나라 장수가 극(戟-끝이 갈라진 창)을 잃고 진나라 군사의 모(矛-끝이 세모난 창)를 빼앗았는데 퇴각한 뒤에 생각하니 기분이 나빴다.

길에서 만난 사람에게 "극을 잃고 모를 빼앗았는데 이걸 가지고 가도 되겠소?" 하고 물었다.

"극도 창이고 모도 창이니, 창을 잃고 창을 빼앗았는데, 어찌하여 이상하게 생각하십니까?"

그 말을 듣고는 그냥 돌아가는데 그래도 기분이 찜찜했다. 그러던 차에 고당 고을을 지키는 숙무손을 만났다.

"오늘 싸움에서 극을 잃고 모를 빼앗았는데, 가지고 돌아가도 되겠습니까?"

"모는 극이 아니요, 극은 모가 아닙니다. 극을 잃고 모를 빼앗았으니 어찌 그 책임을 다했다고 하겠습니까."

그는 숙무손의 이 말을 듣고 '다시 돌아가 싸워야겠다.' 생각하고 되돌아가 싸우다가 죽었다.

이 소식을 들은 숙무손이

"용감한 군인은 싸움터에서 죽어가는 사람을 구하려면 반드시 그 싸움터로 뛰어들어가야 한다."

하고는 달려가 싸우다가 그 또한 죽어서 돌아오지 못했다.

숙무손에게 임금의 경호를 맡기면 그는 반드시 임금을 위해 죽을 것이다. 숙무손이 죽었으나 그 공이 작은 것은 그가 진 책임이 작았기 때문이다. 작은 책임을 진 사람은 큰 일을 알지 못한다.

요즘 세상에는 어찌하여 숙무손 같은 사람이 없는가. 임금은 숙무손 같은 사람이 어디에 숨어 있는지 힘써 찾아야 할 것이다.

꿈에 당한 모욕을 못 참고 자살한 사람

제 나라 장공 때 빈비취라는 용사가 있었다. 그가 어느 날 밤에 꿈을 꾸었는데, 그 꿈이 이상했다. 한 장사가 흰 비단으로 만든 관을 쓰고, 붉은색 관끈을 달고, 흰색의 새 신발을 신고, 검은빛깔의 칼집을 차고, 큰 소리로 꾸짖으며 얼굴에다 침을 뱉는 것이었다.

빈비취가 깜짝 놀라 눈을 뜨니 꿈이었다. 그런데 그 꿈이 불쾌하기 짝이 없었다.

밝은 날 친구에게 꿈 이야기를 했다.

"나는 젊어서부터 용기 있는 것을 좋아하여 내 나이 60이 되도록 남에게 모욕을 당해 본 적이 없는데, 간밤 꿈에 모욕을 당했소. 나는 꿈에 내 얼굴에 침을 뱉은 사람을 반드시 찾아 내고야 말거요. 만약 찾지 못하면 차라리 죽어 버리고 말겠소."

빈비취는 그 날부터 길거리에 나가 꿈에 본 사람을 찾았으나 사흘이 지나도록 찾지 못했다. 그는 집으로 돌아와 스스로 목숨을 끊었다.

2

의리를 높이 사라

취하는 것과 버리는 것

공자가 제나라 경공을 찾아뵈니, 경공이 늠구의 땅을 공자에게 주어 식읍(食邑)을 삼도록 했다.

그러나 공자는 사양하고 받지 않았다. 그리고는 돌아와 제자들에게 이렇게 말했다.

"나는 공이 있어야 녹을 받는다고 생각하는 사람이다. 나는 경공에게 나라 다스리는 도에 대해 이야기를 했건만, 경공은 내 말을 따르지 않으면서 늠구의 땅을 식읍으로 주겠다고 하니, 경공은 나를 모르는 사람이다."

공자는 제자들을 데리고 제나라를 떠나고 말았다.

공자는 평생 벼슬이라고는 노나라에서 미관말직을 잠깐 맡아 한 일밖에 없는 선비이다. 그러나 큰 나라의 임금도 그의 명성에 견줄 수 없고, 임금을 보좌해 큰 공을 세운 어떤 사람도 공자의 업적보다 더 높이 공을 쌓은 사람이 없는데, 이는 공자가 취하고 버리는 것을 소홀히 하지 않았기 때문이다.

나라를 다 준다고 해도 싫다

묵자가 공상과를 월나라에 보내 묵자의 사상을 전파케 했다. 월나라 왕이 공상과의 말을 듣고 크게 기뻐하며

"그대의 스승께서 우리 월나라에 오신다면 옛날 오나라 땅인 음강 포구의 서사 땅을 선생에게 드리겠으니 꼭 우리 월나라에 오시도록 해 주시기 바랍니다."

하고 신신당부했다.

공상과가 돌아가 묵자에게 월나라 왕의 뜻을 전했다.

묵자가 "자네가 보기에 월나라 왕이 나의 말을 따르고 나의 사상을 실천할 것 같던가?" 하고 물었다.

공상과가 "그렇게 하지 못할 것 같습니다." 하고 대답하자 묵자가 이렇게 말했다.

"월나라 왕만이 나의 뜻을 알지 못하는 것은 아닐세. 자네 또한 나의 뜻을 알지 못하기는 마찬가지일세. 만약 월나라 왕이 나의 말을 따르고 나의 사상을 실천한다면, 나는 몸뚱이를 가릴 만큼만 입고, 배고픔을 면할 만큼만 먹으며, 백성과 똑같이 살면서 벼슬을 바라지 않을 것이네. 그러나 월나라 왕이 나의 말을 따르지 않고, 나의 사상을 실천하지 않는다면, 비록 월나라 전체를 나에게 준다고 해도 나는 그것을 쓸 데가 없네. 월나라 왕이 나의 말을 따르지 않는데 내가 그 나라를 받는다면 그것은 의로움을 파는 것이 되네. 의로움을 팔려면 월나라뿐이겠는가, 중국 전체라도 팔 수 있는 것일세."

❋
지게 돼 있는 싸움을 피하려면

초나라와 오나라가 싸우게 되었다. 초나라 군사는 적고 오나라 군사는 많았다.

초나라 장수 자낭이

"우리가 오나라와 싸우면 지게 돼 있다. 싸워서 지면 왕의 명예를 더럽히고, 땅을 잃게 될 것이다. 이것은 충신으로서 참을 수 없는 일이다. 차라리 이 싸움을 피하는 것이 좋겠다."

하고는 교외로 몸을 피했다. 그러고는 사람을 왕에게 보내 '신을 죽게 해 주십시오.' 하고 청했다.

"장수가 몸을 피한 것은 그렇게 함으로써 국면을 유리하게 바꾸기 위함이라는 것을 나는 알고 있소. 이제 싸움을 피하게 되었는데 장군은 어찌하여 죽겠다고 하는 것이오."

왕이 다시 사람을 보내 이렇게 말렸다.

그러나 자낭은

"싸움을 앞둔 장수가 싸움을 앞두고 몸을 피한 것이 죄가 되지 않는다면, 후세에 왕의 신하된 자들이 모두 국면이 불리하다는 것을 핑계삼아 신을 본받아 몸을 피하려고 할 것입니다."

말하고 칼로 배를 갈라 죽고 말았다.

왕은 '장군의 높은 의를 이루게 하리라.' 하고, 세 치 두께의 오동나무로 관을 만들고 그 위에다 도끼를 얹어 그의 뜻을 기렸다.

✳

효를 따를 것인가 충을 따를 것인가

초나라 소왕 때 석저라는 어진 선비가 있었다. 그는 공명하고 정직하며 사사로움이 없어 왕은 그를 사법을 담당하는 관리로 삼았다.

249

어느 날 길에서 살인 사건이 일어났다. 석저가 범인을 쫓는데, 살인자는 바로 그의 아버지였다.

석저는 범인 쫓기를 포기하고 돌아와 왕에게 말했다.

"살인자는 바로 저의 아버지입니다. 자식 된 도리로서 아버지를 붙잡을 수는 차마 없는 일입니다. 그렇다고 해서 사사로운 정리 때문에 범인을 놓아 줄 수도 없는 일입니다. 법을 지키지 않으면 마땅히 죄를 받는 것이 신하의 도리입니다. 전하께서는 저를 도끼로 쳐 죽여 주십시오."

"범인을 쫓다가 놓쳤으면 그만이지, 어찌 죄를 받아야만 하겠는가. 그대는 맡은 일에 힘쓰도록 하라."

"자식이 어버이에게 사사로운 정리를 두지 않으면 효라 말할 수 없고, 신하가 임금을 섬기면서 법을 어기면 충이라 할 수 없습니다. 전하께서 저를 용서해 주시는 것은 전하의 은덕입니다. 그러나 나라의 법을 어기지 못하는 것은 신하의 도리입니다."

석저는 이렇게 말하고 왕 앞에서 도끼로 머리를 쳐 죽었다.

석저는 법을 어긴 것을 바로잡고자 죽음을 택한 것이다. 아버지가 법을 어겼으나 차마 법을 집행하지 못하고, 왕이 용서하였으나 법을 적용하지 않는 것을 바라지 않았으니, 석저는 충신이요, 또한 효자라 이를 수 있다.

3
• • • • •
덕을 쌓아라

❋
덕을 앞에 두고 무를 뒤에 두는 뜻

남쪽 변방의 묘족이 복종하지 않으니, 우(禹)가 군대를 일으켜 공격할 것을 순임금에게 청했다.

순임금은 "덕으로써 복종시킬 수 있을 것이다." 하고 덕정을 베푼 지 3년 만에 묘족이 복종해 왔다.

공자가 이 일에 대해 이렇게 말했다.

"덕을 베풀면 아무리 험한 땅에서 사는 사람들이라도 교화시킬 수 있다."

주나라 조정에서 음악을 연주할 때 종을 뒤에 놓는 것은 덕을 앞세우고 무를 뒤에 두는 뜻을 나타낸 것이다.

251

순임금의 뜻이 이와 같은 것은 주나라의 조정에서 덕을 앞세우고 무를 뒤에 두는 뜻과 서로 통하는 일이다.

✖

의를 행하면 그 이로움이 넓고 크다

진 (晉)나라의 헌공은 여희를 몹시 사랑했다. 여희를 너무 사랑한 나머지 세자 신생을 소원하게 대했다.

세자 신생은 곡옥 땅에서 살게 하고, 둘째 왕자 중이는 포 땅에서 살게 하고 셋째 왕자 이오는 굴 땅에서 살게 했다.

어느 날 여희가 세자에게 사람을 보내

"지난 밤 전하께서 꿈에 세자의 어머니를 보셨답니다."

하고 말했다.

이 말을 들은 세자는 어머니 영전에 제사를 지내고, 제사상에 올렸던 고기를 왕에게 보냈는데, 여희가 독을 바른 고기로 바꿔 놓고는, 왕이 고기를 먹으려 하자

"그 고기는 먼 곳에서 온 것이니 맛이 변했을지도 모릅니다. 먼저 내시에게 맛을 보게 하십시오."

하고 권했다.

헌공이 그 말에 따라 내시에게 고기를 맛보게 했더니 내시가 피

252

를 토하고 죽었다. 깜짝 놀란 헌공이 고기를 개에게 먹였더니 개 도 죽었다. 헌공은 세자가 자기를 독살하려 했다고 믿고 세자를 죽이라고 했다.

세자는 굳이 변명하려 하지 않고 칼로 배를 찔러 죽고 말았다.

사건이 이렇게 커지자 셋째 이오는 굴 땅에서 양 땅으로 달아났 고, 둘째 중이는 포 땅에서 적 땅으로 달아났다가 적 땅을 떠나 위 나라로 갔으나, 위나라 왕이 그를 예로써 대하지 않으므로 제나라 로 갔다.

한동안 제나라에서 머물렀으나, 보호해 주던 환공이 세상을 뜨 자 중이는 제나라를 떠나 조나라로 갔다.

조나라 왕이 중이의 힘을 시험해 보기 위해 옷을 벗고 연못에 들어가 고기를 잡아 오라고 했다. 그래서 중이는 조나라를 떠나 송나라로 갔는데 송나라의 왕은 예로써 대해 주었다.

중이는 송나라를 거쳐 정나라로 갔다. 정나라 왕은 예로써 대해 주지 않았다.

정나라의 신하 피첨이

"신이 들으니, 어진 임금은 곤궁한 사람을 업신여기지 않는다 고 합니다. 제가 보니 진나라 왕자를 따르는 사람들은 모두 훌륭 한 사람들입니다. 전하께서는 예로써 저들을 대하지 않으실 바에 야 차라리 죽이시는 것이 뒷날을 위해 좋을 듯싶습니다."

하고 간했지만 정나라 왕은 피첨의 말을 따르지 않았다.

중이는 정나라를 떠나 초나라로 갔다. 초나라 왕 또한 거만했다. 그래서 초나라를 떠나 진(秦)나라로 갔다. 진나라의 왕은 중이에게 군대를 주어, 그의 본국인 진(晉)나라로 가서 왕이 되게 하니 그가 곧 문공이다.

오랜 방황을 끝내고 돌아와 나라를 안정시킨 문공은 군대를 일으켜 정나라를 공격했다.

문공은 "내가 어려웠을 때 나를 죽이라고 말한 피첨을 내놓으라."고 요구했다.

피첨이 정나라 왕에게 "저를 저들에게 보내 나라의 위험을 피하십시오." 하고 청했다.

정나라 왕이 "그대의 말을 듣지 않았던 것은 나의 잘못이오. 나의 잘못 때문에 그대를 죽게 할 수는 없소." 하면서 보내려 하지 않았다.

"신이 죽음으로써 나라의 위험을 막겠습니다. 원하오니 저를 저들에게 보내 주십시오."

피첨은 자진해서 적의 진중으로 들어갔다. 진나라의 문공은 피첨을 잡아 삶아 죽이려고 했다. 피첨이 가마솥을 붙잡고 큰 소리로 말했다.

"진나라의 용맹스러운 장병 여러분, 저의 말을 들어 보시오. 여러분은 임금에게 충성을 바치지 마시오. 자기가 모시는 임금에게 충성하는 자는 오늘의 나처럼 죽을 것이오."

254

문공은 피첨의 말을 듣고 깨달은 바 있어 그에게 사과하고 군대를 거두어 돌아갔다.

피첨은 임금에게 충성함으로써 나라를 위험에서 구했으며, 의를 행함으로써 진나라의 문공을 깨우쳐 주었다. 그러므로 의를 행함으로써 생기는 이로움은 매우 크다고 할 것이다.

183인의 집단 자살

묵가(墨家)의 지도자인 맹승과 초나라의 양성군은 가까운 벗이었다.

양성군이 자신의 영지를 수비하는 임무를 맹승에게 맡기면서, 옥을 깨뜨려 신표를 삼아 한 쪽씩 나누어 갖고 약속하기를 "신표가 서로 맞으면 따르리라." 했다.

초나라 왕이 세상을 뜨니, 많은 신하가 오기를 공격하여 왕의 빈소에서 죽였는데, 양성군도 이 사건에 가담했다.

초나라에서는 그 사건에 가담한 자들을 잡아들였으므로, 양성군은 다른 지방으로 도피했고, 초나라는 양성군의 영지를 몰수하려 했다.

맹승은 "나는 양성군에게서 영지를 지켜 달라는 부탁을 받았다.

영지를 넘겨 주라는 양성군의 신표를 볼 수 없으니, 나는 이 땅을 지킬 수밖에 없는데, 내 힘으로는 초나라의 군대를 막을 수 없다. 나는 죽을 수밖에 없구나." 했다.

맹승의 말을 듣고 그의 제자 서약이 말렸다.

"선생의 죽음이 양성군에게 도움이 된다면 죽는 것이 옳지만, 아무런 도움이 되지 않는데도 묵자의 가르침을 지키기 위해 선생이 죽는다면, 누가 있어 묵자의 가르침을 세상에 전하겠습니까. 묵자의 가르침을 세상에서 끊어지게 하는 죽음은 옳지 않습니다."

"그렇지 않다. 나와 양성군과의 관계는 나는 그의 스승이면서 벗이요, 나는 그의 벗이면서 신하다. 내가 오늘 죽지 않는다면 사람들이 스승을 구하면서 묵가에서 구하지 않을 것이고, 벗을 사귐에 묵가에서 구하지 않을 것이며, 신하를 구함에 묵가에서 구하지 않을 것이다. 내가 죽는 까닭은 묵자의 도를 행함으로써 우리 묵가의 사상이 계속되게 하려는 것이다. 나는 나의 자리를 전양자에게 물려 주려고 한다. 전양자는 현명한 사람이니 어찌 묵가의 존재가 세상에서 끊어질 것을 걱정하는가."

"선생의 말씀과 같다면 제가 먼저 죽어 그 길을 열겠습니다."

서약은 이렇게 말하고 맹승보다 먼저 스스로 목숨을 끊었다.

맹승은 제자 두 사람을 시켜 전양자에게 자신의 자리를 위임하고 죽으니, 그의 뒤를 따라 죽은 제자가 183명이었다.

4
• • • • •
백성의 마음을 얻어라

�֎

무엇으로 백성을 움직일 것인가

백성의 마음을 얻는 방법으로 가장 좋은 것은 의(義)요, 그 다음은 상과 벌이다.

백성을 움직이는 방법을 알지 못하면, 나라가 비록 크고 형세가 비록 좋고 병졸이 비록 많다고 하더라도 나라를 오래 지켜 낼 수 없다.

옛날에 천하를 가지고도 멸망한 자가 많은 것은 백성의 마음을 과소평가했기 때문이다.

칼은 저 혼자 자르지 못하고, 수레는 저 혼자 나아가지 못한다. 반드시 그것을 부리는 사람이 있어야 한다.

기강을 세우면 백성의 마음이 기뻐진다

하나라의 우왕 때는 천하에 나라가 1만이나 있었고, 상나라 탕왕 시대에는 천하에 나라가 3천이나 있었는데, 그 많은 나라 중 지금까지 남아 있는 나라는 하나도 없다. 하나같이 백성의 마음을 잃었기 때문이다.

백성의 마음을 잃은 것은 상과 벌의 운용이 마땅하지 않아서이다.

백성을 움직이는 데는 기(紀)가 있고 강(綱)이 있는데, 한 번 기를 세우면 모든 사람의 눈이 일어나고, 한 번 강을 세우면 모든 사람의 눈이 긴장된다.

백성에게 기강이라는 것은 무엇인가. 그것은 욕망이요, 미움이다. 무엇을 욕심내고 무엇을 미워하는가. 영화롭고 이로운 것을 욕심내고, 욕되고 해로운 것을 미워한다.

욕되고 해로운 것은 공정한 벌이 막아 주고, 영화롭고 이로운 것은 공정한 상이 기려 준다. 상과 벌이 모두 공정하면 백성의 마음이 기뻐져, 그 마음을 얻는 데 어려울 것이 없다.

명검이나 백성이나 쓰기에 달렸다

명검으로 알려진 막야는 용감한 자가 쓰면 날카로워지고 겁 많은 자가 쓰면 무디어지는 칼이 아니다. 용감한 사람은 날카롭게 쓰고 겁 많은 사람은 무디게 쓰는 것이니, 명검이 되고 안 되고는 쓸 줄 알고 쓸 줄 모르는 사람에게 달린 것이다.

숙사의 백성들은 숙사를 버리고 신농씨에게로 귀순했고, 밀수의 백성들은 밀수를 결박하여 문왕에게 투항했다.

탕왕이나 무왕은 자기 나라 백성의 마음만 얻은 것이 아니라 남의 나라 백성의 마음도 얻었다. 남의 나라 백성의 마음까지 얻으면 나라가 아무리 작아도 큰 나라를 아우를 수 있는 것이다. 그러므로 옛날의 많은 임금은 평범한 백성으로 일어나 천하를 평정했는데, 모두 자기 백성이 아닌 남의 백성의 마음까지도 얻었던 것이다.

백성은 밭과 같으니

옛날에 임금은 인의(仁義)로써 백성을 다스렸고, 사랑과 이로움을 주어 편안하게 했으며, 충신으로 하여금 백성을 이

끌게 했다. 백성에게 닥칠 재앙을 제거하기에 힘썼고, 어떻게 하면 백성이 행복하게 살 수 있을까를 생각했다.

백성은 임금에게 도장밥과 같은 존재이다. 네모난 도장으로 누르면 네모난 형상이 찍히고, 둥그런 도장으로 찍으면 둥근 형상이 찍힌다. 그리고 백성은 임금에게 밭과 같은 존재이다. 보리씨 한 알을 뿌리면 보리 100알을 거두고, 기장씨 한 알을 뿌리면 기장 100알을 거둔다. 임금이 한 번 백성을 미워하면 백성은 100번 임금을 미워하고, 임금이 한 번 백성을 사랑하면 백성은 100번 임금을 사랑한다.

�֎

백성을 지치게 하면 원망이 싹튼다

위(魏) 나라의 무후가 이극에게 물었다. "오나라가 망한 까닭이 무엇이라고 생각하오?"

"자주 싸워서 자주 이긴 것입니다."

"자주 싸워서 자주 이긴 것이야 잘 한 일이 아닌가?"

"자주 싸우면 백성이 지치고, 자주 이기면 임금은 교만해집니다. 교만해진 임금이 지친 백성을 부리고도 나라가 망하지 않은 경우는 없습니다. 교만해지면 방자해지고, 방자하면 자기 하고 싶은 대로 하려고 합니다. 지치면 원망하게 되고 원망하면 반란을 꿈꾸게 됩니다. 이렇게 위와 아래가 모두 극단적인 생각을 하고 있는데, 어찌 오나라가 망하지 않고 견딜 수 있었겠습니까."

※

가혹하게 시키면 쓰러지나니

동야직은 말을 잘 다루는 사람이다. 그의 말 다루는 솜씨가 뛰어나, 앞으로 나가고 뒤로 물러나는 것이 먹줄에 맞춘 듯 똑바르고, 좌우로 돌 때는 둥글기가 보름달 같았다.

노나라 장공이 동야직의 말 다루는 솜씨를 보고 "참 잘한다." 하고 칭찬을 아끼지 않았다. 둥글게 원을 그리고 앞뒤로 달리는데 백 번을 되풀이해도 일정했다.

장공이 안합에게 "동야직을 만나 보았는가?" 하고 물었다.

"네, 만나 보았습니다. 그의 말은 틀림없이 쓰러지고 말 것입니다."

아니나다를까, 얼마 지나지 않아 동야직의 말이 쓰러졌다는 소식이 들어왔다.

장공이 안합을 불러

"그대는 동야직의 말이 틀림없이 쓰러질 것이라고 했는데, 오늘

261

들으니 정말 쓰러졌다고 한다. 그대는 무엇으로 그 말이 쓰러지리라는 것을 알았는가?"
하고 물었다.

"앞뒤로 나아갔다 물러났다 하는 것은 먹줄을 친 듯이 곧고, 좌우로 도는 것은 둥글기가 보름달 같다고 했습니다. 동야직의 말부리는 솜씨가 대단한 것만은 사실입니다. 그러나 그렇게 하려면 동야직이 말에게 얼마나 가혹하게 똑바를 것을 요구했겠습니까. 그 가혹함을 생각하고 말이 쓰러질 것으로 믿었습니다."

5
· · · · ·
욕망을 갖게 하라

✳

작은 것을 버리고 큰 것을 얻다

진 (晋) 나라의 문공이 원읍을 정벌하면서, 군사들에게 7일
이면 끝낼 수 있다고 말했는데, 7일이 지나도 원읍을 함
락시키지 못했다.

문공이 병사들과의 약속을 지키기 위해 공격을 멈추고 물러나
려고 하자, 주위에서 "원읍은 이제 곧 함락될 것인데, 여기서 군
대를 거둔다는 것은 잘못입니다." 하고 반대했다.

문공은 "믿음은 국가의 기틀이 되는 보배이다. 원읍을 얻고 보
배를 잃는 짓은 나로서는 못할 일이다." 하고는 포위를 풀고 물러
났다.

263

　문공은 이듬해 다시 원읍을 정벌하면서, 이번에는 반드시 원읍을 함락시키고 돌아오자고 군사들에게 말했다. 원읍 사람들이 이 말을 듣고 다투어 투항해 왔다.

　위(衛)나라가 이 말을 듣고, 문공은 믿음 있는 임금이라 여겨 스스로 항복해 왔다.

　훗날 사람들이 "문공이 원읍을 공격하여 위나라를 얻었다."고 말했다.

　문공이 원읍을 얻고 싶지 않아서 다 끝나가는 싸움을 그만두고 물러난 것이 아니다. 믿음을 버리고 원읍을 얻는 것은, 차라리 얻지 않음만 못하기 때문에 물러났던 것이다.

　문공이 믿음으로써 얻은 것은 위나라뿐만은 아니다. 문공은 자기가 원하는 것을 얻는 방법을 알았다고 할 것이다.

6
•••••
신의를 귀하게 여겨라

✳
신의가 없으면

하 늘의 운행이 신의가 없으면 한 해를 이루지 못하고, 땅의
운행이 신의가 없다면 초목이 자라지 못한다.

봄철의 덕행은 바람이다. 봄바람에 신의가 없어 불어 오지 않으
면 초목의 꽃과 잎이 무성하지 않고, 꽃과 잎이 무성하지 않으면
열매를 맺지 못한다.

여름철의 덕행은 더위다. 더위에 신의가 없어 날씨가 덥지 않으
면 곡식이 제대로 자라지 못한다.

가을철의 덕행은 비다. 비에 신의가 없어 고르게 내리지 않으면
곡식이 잘 여물지 못한다.

265

겨울철의 덕행은 추위다. 추위에 신의가 없어 날씨가 춥지 않으면 땅이 굳세어지지 않고, 땅이 굳세어지지 않으면 얼어붙어서 땅기운이 통하지 못한다.

천지가 무한히 크고 사계절이 무한히 변화해도, 신의가 없으면 만물을 이루지 못하는데, 사람이 하는 일에서야 오죽하겠는가.

임금과 신하 사이에 신의가 없으면 백성이 흔들리고 나라는 편안하지 않다. 관직에 있으면서 신의가 없으면 젊은 사람이 어른을 어려워하지 않는다.

상과 벌이 신의가 없으면 백성은 법을 업신여겨 지키지 않는다.

벗을 사귐에 신의가 없으면 헤어지게 되고, 원한을 쌓아 서로 미워하게 된다.

�֎

죽는 방법과 사는 방법

제 나라의 환공이 노나라를 정벌하는데, 노나라 사람들은 맞서 싸우지 않고, 도읍에서 50리 떨어진 곳에다 국경 관리소를 설치하고 제나라에 복종하겠다고 청했다.

제나라 환공이 허락하고 조약을 맺기로 했다.

조약에 서명하기 전 조쾌가 노나라 장공에게 "전하께서는 죽고 또 죽으시렵니까, 아니면 살고 또 사시렵니까?" 하고 물었다.

"그게 무슨 말이오?"

"저의 말을 따르시면 우리 노나라는 반드시 커지고 백성들은 안락하게 될 것입니다. 그것이 살고 또 사는 길입니다. 저의 말을 따르지 않으시면 우리 노나라는 반드시 망하고 백성들은 욕될 것이니 그것이 죽고 또 죽는 길입니다."

"그대의 말을 따르겠소."

장공은 조쾌가 말해 주는 대로 따르기로 했다.

이튿날, 조약을 맺는 회의에 참석하면서 장공과 조쾌는 단검을 감추어 품고 나갔다.

두 나라의 임금이 단상에 마주 앉았을 때 장공이 왼손으로 환공을 움켜잡고, 오른손으로 칼을 뽑아 자기의 목에 겨누고는

"노나라는 원래 도읍에서 국경이 수백 리 떨어져 있었으나 이제 겨우 50리밖에 떨어져 있지 않으니 살 수가 없습니다. 이런 상태로는 죽은 것이나 다름없으니 제나라 임금의 앞에서 죽을 것입니다."

하면서 눈물을 흘렸다.

제나라의 관중과 포숙이 황급히 단상으로 오르려 하니, 조쾌가 칼을 어루만지면서 두 임금의 사이로 들어가

"지금 두 임금께서는 조약을 고치려 하고 있소. 아무도 접근하지 마시오."

하고 관중과 포숙의 접근을 가로막았다.

이렇게 해서 노나라 도읍에서 4백 리 떨어진 문남에다 국경 관리소를 설치하기로 합의하고 조약을 맺었다.

제나라 환공은 귀국한 뒤, 조약을 무시하고 빼앗은 땅을 주지 않으려는 생각을 갖고 있었다.

관중이 이 낌새를 알고 환공에게 이렇게 말했다.

"노나라 장공의 아버지가 전하의 아버지를 죽였으므로 노나라 장공은 전하의 원수임에 틀림없습니다. 그럼에도 불구하고 어려움에 빠진 장공의 뜻을 들어 준 전하는 진정으로 용기 있는 사람이라고 일컬을 수 있습니다. 그러나 이미 빼앗은 땅을 돌려 주겠다고 허락하고 나서 주지 않는 것은 신의를 버린 것이라고밖에 말할 수 없습니다. 지혜롭지 못한 것, 용감하지 못한 것, 신의가 없는 것, 이 세 가지를 가지고는 큰 뜻을 이룰 수 없습니다. 지금 땅을 돌려 주는 것이 비록 땅을 잃었다고 하더라도 신의를 얻은 것이니, 4백 리의 땅으로써 천하에 신의를 보임으로써 전하께서 오히려 얻은 것이 크다고 할 것입니다."

그 후, 제나라가 아홉 나라의 제후를 모아 천하를 바로잡고, 천하를 복종시켜 패자가 된 것은 다 이 일에서 싹이 튼 것이다.

7
사람을 쓸 때는 심사숙고하라

완벽한 것이란 없다

완벽한 사람을 찾아 쓰기란 참으로 어려운 일이다. 사람이 남을 헐뜯자면 한이 없다.

요임금을 가리켜 자비심이 없다고 헐뜯고, 순임금을 가리켜 아버지를 높이 대우하지 않았다고 헐뜯고, 우왕을 가리켜 높은 자리를 탐했다고 헐뜯고, 탕왕은 걸왕을 내쫓고 무왕은 주왕을 시해하려 했다고 헐뜯고, 다섯 사람의 패왕을 가리켜 남의 나라를 침략하여 영토를 빼앗았다고 헐뜯는다면 어디서 완벽한 사람을 찾을 수 있겠는가.

그러므로 훌륭한 사람은 남을 책망할 때는 인(仁)으로써 하고,

자기를 책망할 때는 의(義)로써 한다. 그러나 어리석은 사람은 남을 책망할 때는 의로써 하고, 자기를 책망할 때는 인으로써 한다.

한 자 되는 나무에는 반드시 마디가 있고, 한 치 되는 옥에는 반드시 흠집이 있게 마련이다. 그러니 옛 임금이 나라를 다스림에 약간씩의 흠이 있는 까닭을 알겠다.

물에 빠진 사람을 구하려면 옷을 적셔야 한다

노나라의 실력자인 계손씨가 제후인 공씨의 권력을 빼앗았다. 공자가 계손씨의 잘못을 자연스럽게 깨우쳐 주려고 계손씨의 밑에 들어가 일을 했는데, 노나라 사람들이 이 일을 가지고 공자를 많이 헐뜯었다.

사람들이 자기를 헐뜯는다는 말을 듣고 공자는 이렇게 말했다.

"용은 맑은 물에서 놀며 맑은 물을 먹고, 이무기는 흐린 물에서 놀며 맑은 물을 먹고, 물고기는 흐린 물에서 놀며 흐린 물을 먹는다. 나는 위로는 용에 미치지 못하고 아래로는 물고기와 같지 않으니 나는 이무기인가 보다."

어떤 일을 이루고자 하는 자가 어찌 먹줄에 맞게만 할 수 있겠는가. 물에 빠진 사람을 구하려면 내 옷을 물에 적셔야 하고, 도망가는 도둑을 잡으려면 내가 숨을 헐떡거리며 달려야 한다.

작은 결함 때문에 큰 장점을 버리지 마라

위(衛)나라 사람 영척이 수레에 팔 물건을 싣고 제나라 도성으로 들어가기 위해 성문 밖에서 노숙하고 있었다.

이 때 제나라의 환공이 사신을 맞이하기 위해 성문을 열고 나와 횃불을 밝혔다.

영척은 소에게 여물을 주고 있다가 환공을 보았는데, 마음 속으로 슬픈 생각이 들어 소의 뿔을 두드리며 큰 소리로 노래를 불렀다.

환공이 노래 소리를 듣고 영척에게 다가와

"이상하다. 그대는 보통 사람이 아닌 것 같구나."

하고는 영척을 수레에 태워 궁중으로 데려갔다.

영척이 환공에게 나라 다스리는 법에 대해 이야기를 하고, 이튿날에는 천하를 다스리는 법에 대해 이야기를 했다.

환공은 매우 기뻐하며 그에게 관직을 내리려 했다. 그러자 많은 신하들이 반대하고 나섰다.

"영척은 위나라 사람입니다. 위나라는 우리 나라와는 멀지 않습니다. 여러 사람에게 영척과 이야기를 나누어 보게 한 다음에 그가 참으로 뛰어난 사람이라는 것이 인정된 뒤에 그를 써도 늦지 않을 것입니다."

"그렇지 않다. 여러 사람과 이야기를 나누다 보면 그에게 작은 결함이 있는 것이 발견될 것이니, 나는 그것을 걱정한다. 작은 결함 때문에 큰 능력을 잃는다면 임금에게는 큰 인물을 잃는 결과를 가져오기 때문이다."

완벽한 사람을 구하기는 어렵다. 저울로 달아 좋은 점만 쓰는 것은 쓰기에 마땅한 것을 얻었기 때문이다. 환공은 그 마땅한 것을 얻었다 할 것이다.

제 8 장
지도자를 따르라

지도자는 백성을 이롭게 할 뿐, 자신의 이
익은 추구하지 않음을 보여 주어야 한다.

1
왜 지도자는 필요한가

지도자의 도리란 무엇인가

사람은 원래 손톱과 이빨로는 자신을 지키기에 역부족이고, 살갗으로는 추위와 더위를 막기에 역부족이고, 몸뚱이로는 이로움을 따르고 해로움을 피하기에 역부족이고, 용감함으로는 사납고 흉악한 것을 물리치기에 역부족이다.

그러나 이 역부족을 극복하기 위해 만물을 만들어 내고, 사나운 짐승을 막아 내고, 해충을 이겨 내고, 추위와 더위, 또는 메마르거나 눅눅한 것이 인체에 해로움이 될 수 없게 했는데, 사람들이 각자 스스로 연구해 냈을 뿐, 서로 모여 무리를 이루어서 역부족을 극복한 것은 아니다.

　　개개인이 서로 도우면 이로움이 있다는 것을 알고 무리를 짓게
되었는데, 그 무리에게 이로움을 주는 것이 지도자의 할 일인 것
이다.

　　옛날 태고 시대에는 지도자가 없었다. 사람들이 어미 있음은 알
아도 아비 있음은 모르며, 형제자매와 친척과 부부와 남녀의 구별
이 없고, 윗사람과 아랫사람, 어른과 아이의 질서도 없고, 사람 사
이의 예절도 없고, 의복 신발 집 등도 없고, 먹을거리를 쌓아 두면
편리하다는 것도 모르고, 험하고 막힌 데 필요한 배 수레 성곽 따
위의 설비도 없었는데, 이는 무리지어 사는 사람들에게 지도자가
없어서 그러한 것이었다.

　　예로부터 오늘에 이르기까지 천하에는 멸망한 나라가 수도 없
이 많지만, 임금의 제도를 폐지할 수 없는 것은, 그것이 모여 사는
사람들에게 매우 유익한 제도이기 때문이다. 그러므로 지도자를
내세울 때는 지도자의 도리를 저버린 자를 폐하고 지도자의 도리
를 다할 수 있는 자를 내세워야 한다.

　　그러면 지도자의 도리란 무엇인가. 백성을 이롭게 할 뿐, 자기 자
신의 이로움을 추구하지 않음을 보여 주는 것, 오직 그것뿐이다.

옛 주인의 원수를 갚기 위해

예양이 자기가 섬기던 지백을 죽인 조양자를 죽이기 위해, 자신의 수염과 눈썹을 없애 얼굴 모습을 다르게 만들었다. 그리고는 거지로 변장하고 아내에게 가서 구걸을 했다.

아내가 "생김새는 내 남편과 비슷한 데가 없건만 목소리는 어쩌면 그렇게 남편과 닮았는지 모르겠다."고 했다.

예양은 숯을 먹고 목소리까지 바꾸었다.

친구가 예양에게 이렇게 말했다.

"자네가 조양자를 죽이기 위해 이렇게까지 고생할 필요가 있는가. 자네는 재주가 많은 사람이므로, 조양자 밑으로 들어가 일한다면 조양자가 자네를 가까이 둘 것이네. 자네가 조양자를 가까이 모실 기회가 왔을 때, 조양자를 죽이고자 한다면 쉽게 기회를 잡을 수 있을 것이네. 그렇게 하는 것이 훨씬 쉽고도 성공할 확률이 높은 방법 아니겠나."

친구의 이 말에 예양은 웃으면서 이렇게 대답했다.

"옛 주인을 위해 새 주인을 죽인다는 것은 의리를 어지럽히는 것일세. 내가 조양자를 죽이려는 것은 주인에 대한 충성을 세상에 보이려는 것이지, 목적을 위해 지조를 바꾸는 모습을 보이자는 것이 아닐세."

�֍
지금 내가 죽으러 가는 이유

주 여숙이 거나라 오공을 섬겼는데, 오공이 자기를 알아 주
지 않는다고 여겨 멀리 물러나 바닷가에 살면서, 여름에
는 마름과 연밥을 먹고, 겨울에는 상수리와 밤을 먹으면서 목숨을
이어 갔다.

거나라에 난이 일어나 오공이 위험에 빠졌다는 소식을 들은 주
여숙이 오공을 위해 가서 죽겠다고 나섰다.

주여숙의 벗이 "그대는 오공이 알아 주지 않는다고 그를 버리
고 멀리 떠나왔는데, 오공이 위험하다는 말을 듣고 그를 위해 죽
으러 가겠다고 한다. 나는 그대의 행동을 이해할 수 없다." 하고
말했다.

주여숙이 "나는 오공이 알아 주지 않는다고 해서 멀리 떠나왔
지만, 지금 오공이 죽게 되었는데 가서 따라 죽지 않으면, 오공이
생각하기를 '주여숙은 과연 어진 신하가 아니구나' 할 것이다. 그
러나 내가 가서 오공과 함께 죽으면, 후세 임금들에게 신하를 알
아 주지 않는다는 것이 부끄러운 일임을 깨닫게 할 것이다." 하고
말했다.

2

무엇이 이로운가를 생각해 보라

영화로운 자리를 버리는 이유

요 임금이 천하를 다스릴 때 백성자고를 제후로 삼았다. 그 뒤 요임금은 순임금에게 천하를 물려 주었고, 순임금은 우왕에게 천하를 넘겨 주었다. 이 때 백성자고는 은퇴하고 농사를 짓고 있었다.

우왕이 임금 자리에 올라 백성자고를 만나러 갔을 때 그는 들에서 밭을 갈고 있었다.

"요임금이 천하를 다스릴 때 선생을 제후로 삼았는데, 지금 사퇴하고 물러나 농사를 지으시니 그 까닭이 무엇입니까?"

"요임금 때는 상을 주지 않아도 백성들은 선을 권장했고, 벌을 주지 않아도 백성들은 죄를 두려워했으며, 백성들은 원한을 모르고 기뻐할 줄도 몰랐으며, 유쾌해하는 낯빛은 어린아이와 같았습니다. 그러나 지금은 상과 벌이 자주 있으나 백성들은 이로움만 다투고 복종하지 않습니다. 도덕은 여기서부터 쇠퇴하고, 후세의 영화를 다투는 어지러움도 여기서부터 시작됩니다. 임금께서는 어서 돌아가 주십시오. 나는 지금 이 밭을 갈아야 합니다."

이렇게 말한 백성자고는 기쁜 마음으로 밭을 갈며 다시는 돌아보지 않았다.

제후라는 자리는 명예롭고 영화로운 자리이다. 그 자손들에게 끼치는 혜택 또한 큰 자리인데, 백성자고가 이런 사실을 알면서도 제후의 자리를 사퇴한 것은, 후세에 영화를 놓고 다투는 어지러움을 미리 막은 것이다.

의를 실천하기 위해 죽음을 택하다

융이가 제나라를 떠나 노나라로 가는데 날씨가 몹시 추웠다. 노나라에 이르렀을 때 날은 이미 저물어 성문이 닫혀 있었다. 제자 한 명과 함께 성문 밖에서 자는데 밤이 깊을수록 추워져서 견딜 수가 없으므로, 융이가 제자에게 이렇게 말했다.

"네가 옷을 벗어 나에게 주면 내가 살 수 있고, 내가 옷을 벗어 너에게 주면 네가 살 수 있다. 나는 나라의 인재이니 내가 죽는 것이 백성들에게는 아까울 것이지만, 너는 무능한 자이니 죽어도 백성들로서는 아까울 것이 없다. 그러니 네 옷을 벗어 나에게 다오."

"저는 무능한 인간입니다만, 그렇다고 해서 어찌 죽는 것을 좋아하겠습니까?"

제자가 이렇게 말하자 융이는 옷을 벗어 제자에게 주었다. 융이는 얼어 죽고 제자를 살려 냈다.

융이가 자기 말대로 세상을 안정시킬 만한 인재였는지는 알 수가 없다. 그러나 남을 위하는 마음은 크고 깊었음을 알 수 있다. 죽고 사는 문제에 사랑의 마음이 진실하였으므로 죽음으로써 올바른 삶을 실천한 것이다.

3
• • • • •
분수를 알라

✼

뱃길 가로막은 교룡을 죽이다

초 나라에 차비라는 사람이 있었다. 보검을 구해 돌아가는 길
에 강을 건너게 되었다. 강 한가운데 이르렀을 때 두 마리
의 교룡이 배를 끼고 둘러싸는 것이었다.

차비가 뱃사공에게 "두 마리의 교룡이 배를 에워쌌을 때 사람
과 교룡이 다 살아난 경우를 본 적이 있는가?" 하고 물으니, 백사
공은 "아직 그런 경우는 본 적이 없습니다." 하고 대답했다.

차비가 보검을 빼들고 "교룡아 네 이놈, 너희는 강 속에 있는 썩
은 살덩이와 썩은 뼈다귀에 불과하다. 내 어찌 보검을 아끼리." 하
고는 강물로 뛰어들어 교룡을 찔러 죽였다.

281

초나라의 왕이 차비의 용맹을 기려 제후의 신표를 주었다.

황룡이 도망가다

우왕이 남쪽 지방의 치수 사업장을 시찰하고 강을 건너는데 황룡이 나타나 배를 등에 지고 일어나는 것이었다.

배에 탄 사람들이 모두 놀라고 두려워 낯빛이 변했다.

우왕이 하늘을 우러러보며

"나는 하늘의 명을 받아 힘을 다하여 백성을 어루만져 살게 합니다. 사는 것은 천성(天性)이요 죽는 것은 천명(天命)이니 내 어찌 용을 두려워하겠습니까?"

하고 말하니, 황룡은 귀를 늘어뜨리고 꼬리를 끌면서 가 버렸다.

하늘이 만물의 이치를 받아들이므로, 옛날의 성인은 그것으로써 떳떳하지 못한 나쁜 생각을 버리고 편안하게 천명을 기다릴 뿐이었다.

✳

천명을 알면 의를 바꾸지 않는다

최저가 안자에게 강요해 "최씨 편에 서지 않고, 공손씨 편에 서는 자는 좋지 않은 일이 생길 것이다." 하고 맹세하기로 했다.

그런데 안자는 맹세의 피를 마시고 나서 하늘을 우러러보며

"공손씨 편에 서지 않고 최씨 편에 서는 자는 좋지 않은 일이 생길 것이다."

하고 맹세하는 것이었다.

최저는 몹시 불쾌해서 창을 안자의 가슴에 들이대고

"그대가 한 맹세를 바꾸어 내가 요구한 대로 하면, 나와 그대가 제나라를 함께 차지할 것이지만, 그대가 한 맹세의 말을 바꾸지 않으면 나는 그대의 목숨을 가져갈 것이다."

했다.

안자는 "내가 어찌 올바르지 않은 길을 버리고, 제나라 땅의 반을 가질 것인가." 하고 맹세의 말을 바꾸지 않았다.

최저는 "이 사람은 의로운 사람이다. 나는 이 사람을 죽일 수가 없다." 하고는 창을 거두어 물러갔다.

안자가 수레에 오르니 놀란 하인이 수레를 빨리 몰아 달아나려고 했다. 안자는 하인의 손을 어루만지면서

283

"허둥대지 말고 마음을 편하게 가져라. 빨리 달린다고 해서 사
는 것이 아니고, 천천히 간다고 해서 죽는 것이 아니다. 사슴은 산
속에 살지만 그의 목숨은 부엌에 걸려 있다. 지금 나의 목숨은 이
미 걸려 있는 데가 있다."
하고 말했다.

안자는 천명을 알고 있었다. 사람의 일이란 지혜와는 상관 없이
옳은 일을 행하여 죽고자 하면 죽지 않고, 옳지 않은 일을 행하여
살기를 구하면 살지 못하는 것이다. 그러므로 목숨을 버리려고 해
도 잃는 일이 없다.

4

끼리끼리 논다

백성을 먼저 생각한 재상

초나라의 사윤지가 사신으로 송나라에 갔을 때 사성(재상)인 자한이 사윤지를 자기 집으로 초대했다.

사윤지가 자한의 집을 보니, 남쪽의 이웃집 담장이 앞으로 툭 튀어나와 똑바르지 않고, 서쪽 이웃집에서 흐르는 도랑물이 그의 집으로 흘러들어왔다.

사윤지가 왜 이런 곳에서 사느냐고 물었더니 자한이 이렇게 대답했다.

"남쪽 집은 신발 만드는 사람이 살고 있습니다. 내가 이사를 가려고 했더니 그 사람의 아버지가 찾아와 '우리는 신발 만드는 일을 하면서 3대째 먹고 사는데 대감께서 다른 곳으로 이사를 가시면 신발을 사려는 사람은 제가 사는 집을 알지 못할 것이니, 신발을 팔지 못하면 저희는 먹고 살 길이 없습니다. 대감께서는 저희가 먹고 살 일을 헤아려 주십시오.' 하고 사정하는 것이었습니다. 그래서 나는 이사를 가지 못하고 눌러 살고 있습니다. 그리고 서쪽 집은 지대가 높고 우리집은 낮으니 도랑물이 우리집 쪽으로 흐르는 것은 자연의 이치가 아니겠습니까. 그래서 나는 서쪽 집에게 항의를 못하고, 그냥 내버려 두고 있습니다."

사윤지가 초나라로 돌아와, 송나라를 치려고 하는 왕에게

"송나라를 치지 마십시오. 송나라의 임금은 현명하고 재상은 어진 사람입니다. 현명한 임금은 백성의 마음을 얻을 수 있고, 어진 재상은 백성의 힘을 이용할 수 있습니다. 초나라가 송나라를 공격하더라도, 성공하지 못하고 천하의 웃음거리가 될까 두렵습니다." 하고 말렸다.

초나라 왕은 송나라를 치려던 계획을 중지하고 정나라를 쳤다.

송나라는 큰 나라들 사이에 끼여 있으면서도, 자한이 재상으로 있을 때는 침공당하는 일이 없어 국경이 평온했으며, 자한은 몸을 바쳐 3대의 임금을 섬겼다.

286

훌륭한 지도자가 있는 나라는 싸워서 이길 수 없다

조간자가 위(衛)나라를 습격할 계획을 세우고 사묵을 위나라에 침투시켜 정세를 살피게 했다. 한 달을 기약하고 간 사묵이 여섯 달이 지난 뒤에야 돌아왔다.

"그대는 무슨 일이 있어 이렇게 늦었는가?"

"지금 위나라에는 거백옥이 재상이 되어 있고, 사추가 거백옥을 보좌하고 있습니다. 그리고 공자가 위나라에서 묵고 있으며, 자공이 위나라 왕에게 매우 신임을 얻고 있습니다."

이 보고를 받은 조간자는 군대를 출동시키지 않았다.

현명한 임금이라면 어찌 군기가 꺾어지고 장수가 죽어야만 승부를 알 것인가. 먼저 사리를 잘 살피면 얻는 것과 잃는 것, 영화로움과 치욕됨이 결정되는 것이다.

5
• • • • •
답답한 곳을 뚫어라

막힌 곳을 뚫어라

사람의 몸뚱이는 360개의 뼈마디와 9개의 구멍과 5가지의 장기와 6가지의 내장이 있는데, 살갗은 질겨야 하고, 피는 잘 흘러야 하고, 살과 뼈는 단단해야 하고, 마음은 조화로워야 하고, 기는 잘 통해야 한다. 이와 같으면 모든 병이 머물러 있을 곳이 없고, 악이 발생하지 못한다.

물이 막혀 흘러가지 못하면 썩은 냄새가 나고, 나무가 울창하면 벌레가 생기고, 풀이 무성하면 거칠어져 시들게 된다.

나라 또한 막힌 곳이 있으면 임금의 덕이 백성에게 통하지 않고, 백성의 뜻이 임금에게 전해지지 못하는데, 이로써 나라가 병드는

288

것이다.

나라에 병이 들면 온갖 나쁜 일이 한꺼번에 생기고, 만 가지 재앙이 떼지어 닥치는데, 상하가 서로 사랑하지 않는 데서 병이 발생하는 것이다. 그러므로 충신은 바른말로써 임금의 막혀 있는 생각을 터 주어야 한다.

백성의 입을 막으면

주나라의 여왕이 백성을 학대하니 나라 사람들이 모두 원한을 품고 왕을 비방했다.

소공이 여왕에게 "백성들이 견디지를 못합니다." 하고 말하니, 여왕은 위무를 시켜 비방하는 자들을 잡아다 죽였다. 이렇게 되자 나라 안 사람들이 말을 하지 않게 되어, 길에서 만나더라도 말 대신 눈으로 의사를 전달하기에 이르렀다.

이렇게 되자 여왕은 기분이 좋아져 소공에게 "나에 대한 비방을 그치게 했다."고 자랑했다.

소공이 이렇게 말했다.

"그것은 입을 막은 것이지 그치게 한 것이 아닙니다. 백성의 입을 막는 것은 하천의 물을 막는 것보다 더 피해가 심합니다. 하천을 막은 둑이 무너지면 많은 사람이 해를 입습니다. 사람의 입을 막는 것 또한 이와 같습니다. 하천을 다스리는 사람은 물을 터서 흘러가게 하고, 백성을 다스리는 사람은 말을 하게 하는 것입니다. 그러므로 천자는 나라를 다스리는 데에 대한 의견을 듣고, 충신들은 간하고, 백성들은 의견을 내놓고, 친척은 보조해서 소상하게 살핀 뒤에 천자의 헤아림을 더하여 결정합니다. 이런 까닭으로 신하는 좋은 일을 남김없이 모조리 천자에게 전하고 천자는 잘못을 저지르지 않게 일을 처리합니다. 전하께서는 아랫사람들의 입을 막고, 전하께서 저지른 잘못을 쌓아 두고 계십니다."

여왕은 소공의 말을 따르지 않았다.

3년이 지난 뒤, 나라 사람들이 난을 일으켜 여왕을 변방으로 유배시켰다.

할 일과 하지 않을 일의 기준을 정하라

관중이 환공을 청하여 잔치를 베풀었는데, 즐겁게 놀다 보니 어느듯 저녁때가 되었다. 환공은 더 즐기고 싶어서 불을 밝히라고 했다.

관중이 "신은 낮을 좋아하고 밤을 좋아하지 않습니다. 전하께서는 이제 그만 돌아가 주십시오."

하고 청했다.

환공은 그 말을 듣고는 기분이 나빠져서

"관중은 늙으셨구려. 내가 관중과 함께 즐겁게 지낸 것이 얼마 만입니까. 우리 이 밤이 새도록 마십시다."

하며 더 놀자고 했다.

"전하께서는 잘못 생각하고 계십니다. 즐거움에 빠지면 근심이 돌아옵니다. 늙어서 해이해지면 끝을 잘 맺는 이름이 없어집니다. 이치가 이러한데 제가 어찌 전하를 모시고 주흥에 빠질 수 있겠습니까."

관중의 이 말을 들어 보면, 관중은 자신이 해야 하는 행위의 표준을 정해 놓은 사람임에 틀림없다.

내가 교만할 뻔했구나

제나라 민왕은 열정자고를 존경했다. 열정자고가 비내리는 어느 날 아침에 거친 베옷을 입고 삐딱한 관을 쓰고 헐어 빠진 신발을 신고 마당으로 내려오며 시종에게 "내 모습이 어떠한가?" 하고 물으니, 시종이 "멋있고 아름답습니다." 하고 대답했다.

열정자고는 우물가로 가서 우물물에 자신의 모습을 비춰 보니 완연히 추악한 모습이었다.

"시종이 나에게 아첨을 했구나. 내가 만약 우물물에 비춰 보지 않았다면 시종의 말만 믿고 우쭐할 뻔했구나."

열정자고는 이렇게 말하고 옷과 관과 신발을 바꾸었다.

6

아랫사람의 의견을 받아들여라

반발하는 사람과 협조하는 사람

임금이 일을 처리하는 방법은 일반인들이 하는 방법과는 다르다. 형세가 불리하면 부득이 몸을 굽혀 원수에게 복종함으로써 살아남아 백성의 생명을 보호해야 한다. 그러나 신하가 이렇게 하면 사람들에게 배척당하고 고향 사람들조차 그를 멸시한다.

요임금이 천하를 순임금에게 물려 주었다. 그러자 제후인 곤이 반발했다. 그는 난을 일으키고자 짐승의 뿔에 견줄 만한 성을 쌓고, 짐승이 꼬리를 치켜 든 것처럼 깃발을 꽂았다.

이에 순임금이 불렀으나, 그는 오지 않고 계속해서 근심거리를 만들었다. 그래서 순임금은 곤을 주살했다.

곤의 아들 우는 아버지의 잘못을 인정하고 순임금을 원망하지 않고 오히려 순임금을 잘 섬겼다. 홍수를 다스리는 치수 사업에 열중하여 얼굴빛이 검어졌고, 항상 바쁘게 걸어다녔으며, 숨쉴 사이도 없이 바쁘게 일해 순임금의 신임을 얻었다. 나중에 순임금은 천하를 우에게 물려 주었다.

포학무도한 주왕

옛날 은나라 주왕의 제후인 매백이 주왕에게 귀후의 딸이 아름다우니 후궁으로 삼으라고 권했다.

주왕의 총애를 받던 달기가 이 사실을 알고 매백과 귀후를 모함하니, 포학무도한 주왕은 매백을 죽여 소금에 절여 젓을 담갔고, 귀후를 죽여 포를 만들었다. 그리고는 제후들을 불러 연회를 베풀 때 이것들을 안주로 내놓았다.

주나라 문왕이 눈물을 흘리면서 탄식하니, 주왕은 문왕이 배반할까 두려워 죽이려고 했다.

문왕이 "아비가 무도하다 하여 어찌 자식이 아비를 섬기지 않을 것이며, 임금이 비록 나를 미워한다 하여 어찌 제후가 임금을 섬기지 않겠습니까. 누가 감히 임금에게 배반할 수 있겠습니까?"
하고 변명하자 용서해 주었다.

✖

임금을 설득해 나라를 구하다

제나라가 송나라를 치니 연나라 소왕은 장괴에게 군사를 주어 제나라를 도와 송나라를 치게 했다. 그러나 제나라 민왕은 도와 주러 온 장괴를 죽였다.

연나라 소왕이 이 소식을 듣고 눈물을 몇 줄기 흘리고 나서

"내가 군대를 보내 제나라를 도와 주려 했건만, 민왕이 장괴를 죽였다. 나는 군사를 일으켜 제나라를 치겠다."
하고 신하들에게 말했다. 신하 중에 범요가 반대하고 나섰다.

"저는 전하를 현명한 임금으로 여겨 전하의 신하가 되었습니다. 그런데 이제 보니 전하께서는 현명한 임금이 아니십니다. 이제 저는 사직하고 물러날까 합니다."

"그것이 무슨 말씀이오?"

"돌아가신 선왕께서는 나라가 위태로워 많은 신하를 버리셨습니다. 그래서 항상 괴롭게 여기시면서 부득이 제나라를 섬기게 된 것은 힘이 부족해서였습니다. 지금 장괴가 피살되었다고 해서 전

하께서는 제나라를 치겠다고 하시는데, 이것은 장괴를 선왕보다
중하게 여기시는 것입니다. 전하께서는 제나라를 치시겠다는 계
획을 거두어 주십시오."

"그렇다면 어떻게 하는 것이 좋겠소?"

"전하께서는 흰옷을 입으시고는 거처를 교외로 옮기시고, 사신
을 제나라에 보내 '이번 장괴의 사건은 모두 저의 잘못입니다. 제
후의 사신들을 죽이고자 한다면 어찌 다 못 죽이시겠습니까. 그러
나 우리 나라의 사신만 죽인 것은 우리 나라에서 사람을 잘못 선
택하여 보낸 탓입니다. 곧 다른 사람을 보낼 터이니 받아들여 주십
시오' 하고 말하십시오."

소왕이 범요의 말에 따라 사죄의 사신을 제나라에 보냈다. 사신
이 제나라에 이르렀을 때 민왕은 큰 잔치를 베풀고 있었다.

사신이 민왕에게, 연나라 소왕이 매우 두려워하면서 죄를 청한
다고 말하니, 민왕은 기뻐서 크게 웃으며 잔치에 참석한 사람들에
게 자랑하고, 직급이 낮은 사람을 사신으로 연나라에 보내, 연나
라 소왕에게 이제 그만 궁으로 돌아가 정사를 보살피라고 했다.

제나라 민왕이 연나라를 가벼이 여기고 방심하는 틈을 타, 연나
라 소왕은 군대를 양성하고 훈련을 잘해서 강군을 만들었다.

그 후 연나라 소왕은 악의에게 군사를 주어 제나라를 치게 했는
데, 제수에서 제나라를 대파하고 70여 성을 빼앗았다. 제나라의
민왕은 위나라로 도피했다가 신하에게 피살당하고 말았다.

제나라의 민왕은 나라가 크다고 교만하게 굴다가 실패했다.

큰 나라를 건드리지 마라

초나라의 장왕이 문무외를 제나라에 사신으로 보냈다. 사신이 제나라에 가려면 송나라 땅을 지나야 했는데도 길을 빌려 달라고 청하지 않았다.

문무외가 임무를 마치고 귀국 길에 올랐을 때, 송나라 조정에서 이 문제로 논란이 일었다.

소공에게 화원이 말했다.

"초나라에서는 제나라에 사신을 보내면서 우리에게 길을 빌려 달라고 청하지 않더니, 돌아가면서도 아무 말이 없습니다. 이것은 우리 송나라를 쓸모없는 촌으로 여긴 것입니다. 그러므로 전날, 송나라와 초나라가 맹제에서 함께 사냥을 했을 때 초나라 왕이 트집을 잡아 우리 나라의 신하를 매질했었습니다. 전하께서는 문무외를 붙잡아 주살하심이 옳을 것입니다."

이 말을 들은 소공은 문무외를 붙잡아 죽였다.

초나라 장왕이 이 소식을 듣고 크게 노하여 군대를 일으켰다. 송나라를 아홉 달씩이나 포위하니 송나라 백성들은 자식을 팔아 밥을 먹고, 뼈를 갈라 땔감으로 쓸 정도로 나라가 피폐해졌다.

하는 수 없이 소공은 초나라 왕에게 무릎을 꿇고 용서를 빌었
다.

초나라 장왕은 군대를 40리 밖으로 후퇴시켜 머무르게 하고, 화
의 조약을 맺은 다음 초나라로 돌아갔다.

7
아랫사람의 말을 들어라

임금이 나라를 다스리는 세 가지 길

나라를 망친 임금은 교만하고, 저 자신이 지혜롭다고 믿고, 일을 가벼이 여겨 함부로 판단한다.

교만하면 오만해지고, 스스로 지혜롭다고 믿으면 모든 일을 혼자 전횡하게 되고, 일을 가벼이 여기면 잘못되었을 때에 대한 대비가 없게 된다. 대비가 없으면 화를 부르고, 모든 일을 혼자서 전횡하면 자리가 위태로워지고, 충성된 말을 들을 수 없게 된다.

충성된 말이 막히지 않기를 바라면 선비를 예로써 대우하고, 임금의 지위가 위태로워지지 않기를 바라면 백성의 마음을 얻어야 하며, 화를 부르지 않기를 바라면 대비를 튼튼히 해야 한다.

이 세 가지는 임금이 나라를 다스리는 큰 길이다.

지혜의 힘이 모자라면

진(晋)나라 여공은 사치하고, 여색을 좋아하고, 고자질하는 말을 듣기 좋아하고, 아첨하는 신하들을 좌우에 두었다.

서동이 여공에게

"지금 이 나라를 손 안에 쥐고 좌지우지하는 극구, 극기, 극주 등 삼극을 죽이십시오. 그 집안은 세력이 크고 백성들의 원망을 많이 샀으니, 큰 집안을 제거하면 왕실을 없수이 여기는 세력가가 없어질 것입니다."

하고 간했다.

여공은 이 말을 듣고 장어교를 시켜 삼극을 죽여 그 시체를 저자거리에 버려 많은 사람들이 보게 했다.

그 후 여공이 장려씨 집에 놀러 갔을 때, 난서와 중행어가 여공을 납치하여 유폐시켰다. 그러나 제후들은 아무도 그를 구해 주려 하지 않았고, 백성들도 그를 가엾이 여기지 않았으니, 유폐시킨 지 3개월 만에 죽였다.

임금이 화를 당하는 것은 임금이 사람을 해치는 데서 싹이 트고,

부당하게 사람들을 해치면 그 해로움이 임금 자신에게 돌아온다는 것을 알지 못하는 데 원인이 있다. 이는 임금의 지혜가 모자라서 생기는 일이다. 지혜의 힘이 모자라면, 세상의 변화를 알지 못하고, 세상의 변화를 알지 못하면 반드시 위험에 빠지게 된다.

❋

자만에 빠지면 망한다

위(魏) 나라의 무후가 무슨 일을 하나 도모했는데 그 일이 적중해서 성과가 좋았다. 무후는 팔을 휘두르며 큰 소리로
"경들의 생각은 모두 나만 못하다."
하고 뽐내면서 자기 자랑을 거듭해서 했다.

보다못한 이회가 무후에게 이렇게 말했다.

"옛날에 초나라 장왕은 자기가 도모하는 일이 크게 성공했는데도 오히려 얼굴에 걱정하는 빛을 띠었습니다. 신하들이 그 까닭을 물었습니다. 장왕이 말하기를 '상나라 탕왕 때 재상을 지낸 중회가 말하기를 제후의 덕행은 스스로 스승을 선택할 수 있으면 왕자(王者)가 될 수 있고, 벗을 선택할 수 있으면 지위를 보존할 수 있고, 선택한 사람이 자기만 못하면 멸망한다고 했다. 이제 내가 어리석은데다가 많은 신하들의 지혜와 도모하는 일들이 나만 못

301

하니 나는 멸망할 것이 아닌가.' 했습니다. 그러므로 어떤 일을 꾸며 그것이 잘 해결되는 것은 패왕(覇王)의 근심거리인데, 전하께서는 어찌 자랑하시는 것입니까."

이 말을 듣고 무후는 "과연 옳은 말씀이오." 했다.

임금의 화는 스스로 지혜가 적다고 생각하는 데 있지 않고, 스스로 지혜가 많다고 자만하는 데 있다. 임금이 스스로 지혜가 많다고 생각하면 신하들의 충성된 말을 듣지 않게 되고, 충성된 말을 듣지 않으면 아무도 충성된 말을 하려고 하지 않게 된다.

신하의 충언을 받아들이면 나라가 산다

제나라 선왕이 궁궐을 신축하는데 어찌나 크고 호화롭게 짓는지, 3년이 지났는데도 완공하지 못했다. 그런데 그 많은 신하 중에 간하는 사람이 아무도 없었다.

춘거가 선왕에게 물었다.

"초나라 왕은 경박한 음악을 좋아합니다. 이에 대해 감히 묻고자 합니다. 초나라에 어진 임금이 있다고 생각하십니까?"

"현명한 임금이 없다고 생각하오."

"초나라에는 현명한 신하가 천 명을 헤아릴 정도로 많건만, 임금에게 바른말을 하는 사람이 없습니다. 초나라에는 현명한 신하가 있다고 생각하십니까?"

"현명한 신하가 없다고 생각하오."

"지금 전하께서 큰 궁궐을 세우시는 데 3년이 걸렸건만 아직 완공을 보지 못했습니다. 이런데도 전하께 바른말을 하는 신하가 없습니다. 전하께서는 현명한 신하가 있다고 생각하십니까?"

"현명한 신하가 없다고 생각하오."

"이제 신은 물러가겠습니다."

춘거는 이렇게 말하고 선왕 앞에서 물러났다.

그러자 선왕이 황급히 "춘거, 춘거는 돌아오라. 그대는 어찌해서 이제야 나의 잘못을 깨우쳐 준단 말인가. 나는 지금 곧 공사를 중단시키겠노라." 하고는 "내가 어리석어 큰 궁궐을 지으려고 했다. 춘거가 나의 어리석은 짓을 막았다."고 말했다.

춘거가 말하고자 하는 뜻은 다른 신하들과 다름이 없었을 것이다. 그러나 말하는 방법이 다른 신하들과는 달랐다 할 것이다. 만약 선왕에게 춘거가 없었다면, 백성들의 원망을 샀을 것이다. 나라를 잃은 임금들은 대개 선왕과 같았을 것이다. 다만 선왕이 나라를 잃지 않은 것은 춘거와 같은 신하가 곁에 있었기 때문이다.

303

좋은 신하와 나쁜 신하

조간자가 난요를 강물에다 던졌다. "내 일찍이 노래와 여색을 좋아했는데 난요가 나를 부추겼다. 내가 좋은 궁궐을 좋아했는데 난요가 나를 위해 그것을 지어 주었다. 내가 빼어난 말과 능숙한 마부를 좋아했는데 난요가 그것을 데려왔다. 내가 어진 신하를 구하기 6년이 지났건만 난요는 한 사람도 추천하지 않았다. 이것은 난요가 나의 허물을 조장하고 나의 덕행을 가로막은 것이다."

임금은 옳은 이치로써 신하들을 독려하고 책임을 물을 수 있다. 이렇게 하면 신하들은 임금과 함께 좋은 일을 하고, 옳지 않은 일을 하지 않으며, 정직하게 하고, 굽은 일을 하지 않게 된다.

8

속마음을 살펴라

마음은 욕망의 변화에 따라 결정된다

하늘이 높다고 하지만 구름, 비, 이슬이 멈춘 적이 없고, 땅이 크다고 하지만 물, 초목, 털난 짐승, 비늘 덮인 고기가 사라진 적이 없다.

하늘과 땅 사이에 살면서 서로 편안하고 서로 유리하게 살려고 힘쓰지만 실상은 서로 해롭게 하고 서로 위태롭게 하는 일이 헤아릴 수 없이 많다.

사람의 일도 이와 같다. 일의 진전은 마음의 결정에 따르고, 마음의 결정은 욕망의 변화에 따른다.

사람의 마음은 숨겨져 있어 보기 어렵고 호수의 바닥은 물에 감

추어져 있어 그 깊이를 헤아리기 어렵다. 그러므로 성인은 일을
하기에 앞서 뜻을 먼저 살핀다. 먼저 안다는 것은 일의 조짐과 표
시를 분명하게 살핀다는 말이다.

조짐이 눈에 드러나 보이고, 더러는 알기가 어렵다 하더라도, 성
인은 그것으로써 가볍게 여기거나 소홀히 여기지 않는데, 일반인
은 지레짐작하거나 낌새를 조금도 알아채지 못한다.

일반 사람들은 조짐과 표시를 신기하게 여겨, 먼저 아는 사람을
신이라 하거나, 먼저 알게 된 것을 행운이라 하나, 그것은 신도 아
니고 행운도 아니다.

❈
그가 술자리를 베풀어 준 까닭

노나라의 후성자가 진(晋)나라에 사신으로 갈 때 위(衛)나
라를 거쳐 가는데, 위나라의 우재곡신이 후성자를 초대해
술자리를 베풀었다. 술자리에 악사들을 불러 놓고는 음악을 연주
하지 않았으며, 술자리가 무르익었을 때 벽옥을 선물했다.

후성자가 진나라에서 일을 마치고 돌아오는 길에 또 위나라를
거쳐 오게 되었는데, 우재곡신을 찾아가 인사하지 않았다.

제자가 이상하게 여기고 후성자에게 물었다.

"지난번에 우재곡신이 선생님을 초대해 기쁘게 해 드렸습니다. 그런데 지금 돌아가면서 왜 우재곡신에게 인사를 하지 않는 것입니까?"

"지난번에 그가 나를 초대해 술자리를 베푼 것은 나와 함께 즐겁게 지내고자 해서였고, 악사들을 불러 놓고도 음악을 연주하지 않은 것은 그에게 근심거리가 있음을 나에게 알려 준 것이며, 술자리가 무르익었을 때 나에게 벽옥을 준 것은 그것을 나에게 맡긴 것이다. 이로 미루어 보아서, 위나라에 어지러운 일이 있는 것은 아닌지 모르겠다."

후성자가 위나라 땅을 벗어나 30리쯤 왔을 때, 위나라에서 영희가 난을 일으켰고, 우재곡신이 피살되었다는 소문을 들었다.

후성자는 곧바로 수레를 돌려 우재곡신의 집으로 가서 조문하고 돌아오면서 우재곡신의 남은 가족을 데리고 왔다.

후성자는 우재곡신의 아들이 장성한 뒤에 벽옥을 돌려 주었다.

후성자가 우재곡신의 마음을 읽은 것은 참으로 심오하고도 미묘하다. 나타난 일을 보지 않고도 그 뜻을 알았으니 후성자는 능히 사람의 일을 내다보았다고 말할 수 있겠다.

❀

앞을 내다본다는 것

위(衛) 나라의 오기가 서하 밖의 땅을 다스리는데, 왕착이 무후에게 오기를 모함했다.

무후가 사람을 시켜 오기를 소환했다. 오기는 서하를 떠나면서 수레를 멈추고 눈물을 흘렸다.

"임금이 나를 알아 주고 나의 능력을 다하게 한다면 반드시 진(秦) 나라를 멸망시킬 수 있을 텐데, 임금이 소인배의 말을 듣고 나를 믿어 주지 않으니 이 서하가 진나라의 땅이 되고 말겠구나. 위나라는 지금부터 몰락할 것이다."

오기는 이렇게 말하고 위나라를 버리고 초나라로 갔다. 서하는 오기의 예측대로 진나라의 소유가 되었다. 그로부터 위나라는 날로 약해졌고, 진나라는 날로 강해졌다. 이것이 오기가 앞을 내다보면서 눈물을 흘린 까닭이다.

특징을 꿰뚫어보아야 한다

좋은 말을 잘 고른다고 소문난 사람들이 있었다. 말을 고를 때 한풍시는 말의 이빨을 보았고, 마조는 말의 볼을 보았고, 자녀려는 말의 눈을 보았고, 위기는 말의 갈기를 보았고, 허비는 말의 궁둥이를 보았고, 투벌갈은 가슴과 갈빗대를 보았고, 관청은 말의 입술을 보았고, 진비는 말의 네 다리를 보았고, 진아는 말의 앞모습을 보았고, 찬군은 말의 뒷모습을 보았다. 이 열 사람은 다 천하가 알아 주는 말 박사들이었지만, 말을 고르는 방법은 다 달랐던 것이다. 다르면서도 같은 점은 부분을 보고 전체를 평가한 점이라고 할 것이다.

조나라의 왕량과 진나라의 백락 같은 사람은 더욱 말을 보는 눈이 묘했으나 말을 보는 방법은 서로 달랐다. 말 몸뚱이의 한 특징을 보고 말의 골절의 높고 낮음과 다리 힘, 능력의 장단점 등을 알 수 있었다고 한다.

말을 보는 데만 특징이 있는 것은 아니다. 사람에게도 사람마다 다른 특징이 있고, 일이나 나라에도 각각의 특징이 있다. 그 특징을 잘 알면 전체를 아는 능력이 생기는 것이다.

'여씨춘추'의 시대적 배경
춘추 전국 시대

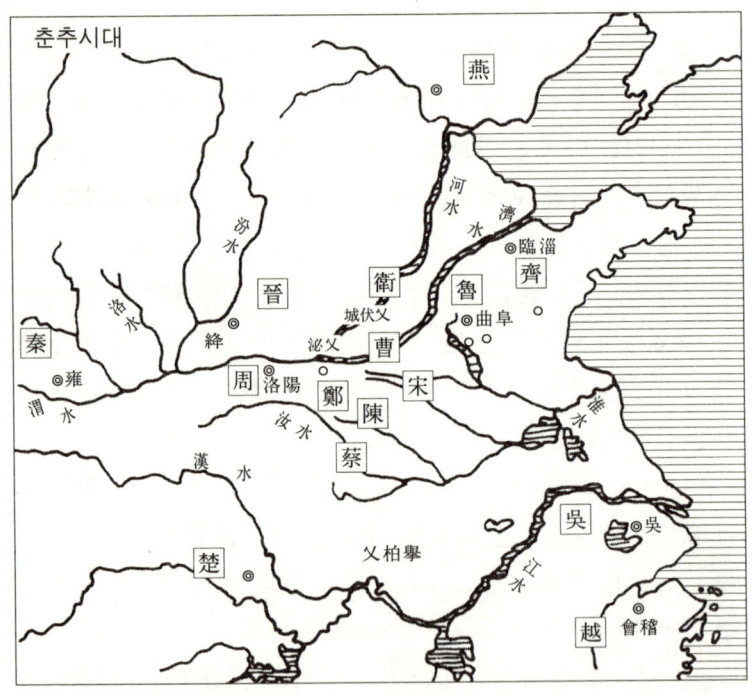

춘추시대

燕

河水 濟水

汾水

洛水

晉 衛 城伏乂 魯 齊 臨淄

絳 泌乂 曹 曲阜

秦 雍 周 洛陽 鄭 陳 宋

渭水 汝水 蔡

漢水 乂柏擧 吳 吳

楚 江水 越 會稽

　　춘추 시대란 중국의 주(周)나라 평왕(平王)이 왕실을 동쪽인 낙양
(洛陽)으로 옮긴 B.C. 770년부터 주나라 위열왕(威烈王)때인 B.C.
453년까지 약 3백년간의 전란 시대를 말한다.
　　이 무렵은 주나라 왕실의 위엄이 약해지고 각 나라의 제후들의 세력이 강성해진 때이다.

초기의 주나라 왕실은 1천여 개의 크고 작은 제후국을 두고 있었으나 이 때에 이르러 1백여 개의 나라로 통합되었으며 다시 군웅들이 서로 강자의 위치를 넘보는 쟁패의 상태였다.

당시 1백여 나라 중 대표적인 나라는 진(秦), 진(晉), 제(齊), 초(楚), 노(魯), 위(衛), 연(燕), 조(曹), 송(宋), 진(陳), 채(蔡), 정(鄭), 오(吳), 월(越) 나라 등 14개 나라이다.

춘추 시대 다섯 패자[五覇]는 제(齊) 나라 환공(桓公), 진(晉) 나라 문공(文公), 송(宋) 나라 양공(襄公), 진(秦) 나라 목공(穆公), 초(楚) 나라 장공(莊公)을 가리킨다.

춘추 시대는, 각 학자마다 그 연도의 획이 조금씩 달라 317년간으로 보거나, 공자의 '춘추' 연간인 242년간으로 보는 사가도 있다. 또 일부 사가는 B.C. 770~B.C. 453년까지로 보기도 한다.

공자의 '춘추'는 B.C.722~B.C.481년까지를 기사화하고 있다.

전국 시대(戰國時代)는 춘추 시대의 연결로 주나라 위열왕 때부터 진(秦) 나라 시황제(始皇帝)가 천하를 통일한 B.C. 256년까지를 말한다.

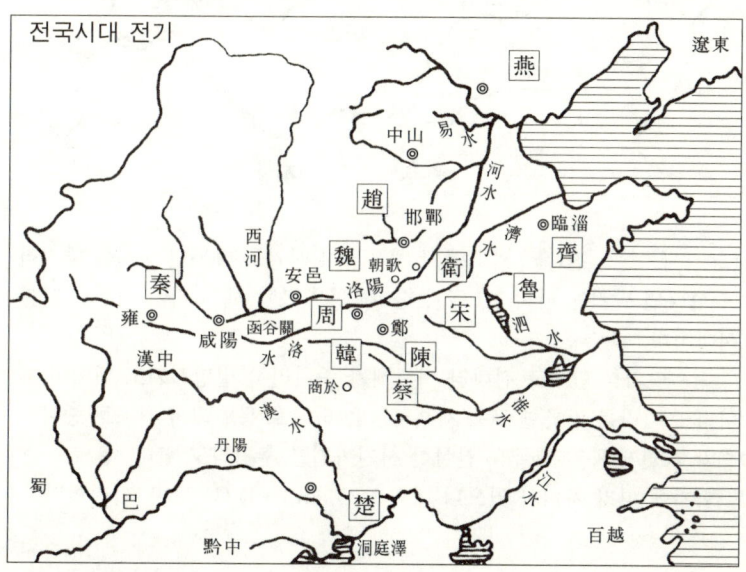

311

전국 시대를 전후기로 나누는데 전기는 춘추 시대 다음의 50년 동안의 혼란기로, 곧 진(晉)나라의 대부인 한씨(韓氏), 위(魏氏), 조씨(趙氏)가 힘을 합하여 실권자인 지백(知伯)을 죽이고 나라를 3등분하였는데 한, 위, 조의 세 나라로 분열되어 그들이 주나라 왕실에서 제후국으로 인정받은 시기를 말한다.

　그 후 전국칠웅(戰國七雄)인 연(燕), 제(齊), 한(韓), 위(魏), 조

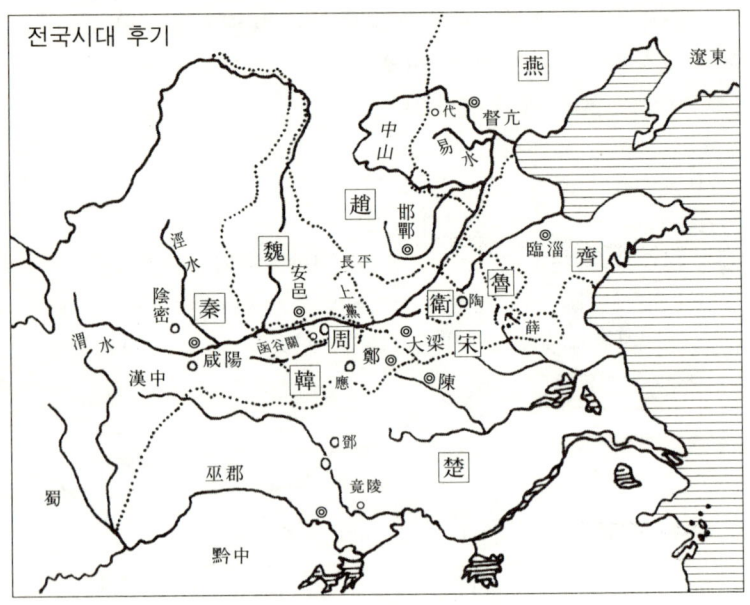

(趙), 초(楚), 진(秦)의 7개 국 제후들이 패권을 다투던 시기를 중기라고 한다면 말기는 다시 제(齊), 진(秦), 초(楚) 세 나라가 패권을 다툰 시대이다.

　중·말기를 합하고 진나라 시황제가 주나라를 멸망시키고 뒤이어 제나라 초나라를 비롯한 모든 제후국들을 하나로 통일해서 최초로 중국의 중앙 집권제 통일 제국을 건설한 시기까지를 후기라고 한다.

　학자에 따라 차이가 있으나 대략 B.C. 453~B.C. 221년까지이다.